# Catcher

一如《麦田里的守望者》的主角，
我们站在危险的崖边，
抓住每一个跑向悬崖的孩子。
Catcher，是对孩子的一生守护。

# 还是喜欢当妈妈

## 心理咨询师妈妈的养育心法

洪美铃 著

华夏出版社
HUAXIA PUBLISHING HOUSE

图书在版编目（CIP）数据

还是喜欢当妈妈：心理咨询师妈妈的养育心法 / 洪美铃著 .
—— 北京：华夏出版社有限公司，2020.2
ISBN 978-7-5080-7033-9

Ⅰ . ①还… Ⅱ . ①洪… Ⅲ . ①家庭教育 – 教育心理学 Ⅳ .
① G780
中国版本图书馆 CIP 数据核字（2020）第 018072 号

**还是喜欢当妈妈：心理咨询师妈妈的养育心法**

作　　者　洪美铃
责任编辑　陈　迪

出版发行　华夏出版社有限公司
经　　销　新华书店
印　　装　天津旭非印刷有限公司
版　　次　2020 年 2 月北京第 1 版
　　　　　2020 年 2 月北京第 1 次印刷
开　　本　880×1230　1/32
印　　张　9
字　　数　156 千字
定　　价　49.80 元

华夏出版社有限公司　网址：www.hxph.com.cn　地址：北京市东直门外香河园北里 4 号　邮编：100028
若发现本版图书有印装质量问题，请与我社营销中心联系调换。电话：（010）64663331（转）

# 无论是妈妈，还是心理咨询师，终究都是我自己

## ＊ 依着纠结与挣扎的习性而活

我是个妈妈，是个心理咨询师，还是某人的老婆、家人、朋友……就如同擦身而过的每个人，身上挂着各种角色。我们呼吸同样的空气，同样抱怨着艳阳、阴雨，也摆出同样的表情：看似热切，其实带点着急；貌似平稳淡定，但其实已和疲倦分不清。

蜡烛多头烧，也许要关心的不是有几个头，而是"怎么烧"。

我不想熄灭任一火苗，有着想烧出价值的野心。有好些日子，我的"妈妈魂"被这个野心吓坏了。

因为我终究没真为孩子们牺牲什么，一样追求个人的成就，

也在意着自己人生里的各种需求。喜欢玩耍、看书，就带着孩子们游戏和阅读。不喜欢煮菜，就带着孩子们感谢有婆婆、妈妈代劳。顺风我就搭车，逆风得过且过……

　　每天睁开眼睛，我不会去想为什么要早起，脑袋里转着的是："今天要准备什么早餐？""希望牛奶别再打翻。"然后伸个懒腰，再喊一句口号："万能的天神，请赐予我神奇的力量！"像是鼓舞，更像是催眠自己：今天也将安然度过。接着，像个陀螺般旋转，时而满足快乐，时而暴走失落，总之，尽力满足所有角色的需求。转啊转了一天，又在孩子们大呼小叫的喧闹声中催赶他们上床，偶尔讲故事、玩游戏，偶尔呵斥威逼，凑合着走向一天的结束。

　　直到再度睁开眼睛，浮现脑海的问题又回到：今天要吃什么早餐？


　　某天，我和先生在看着孩子们玩沙。

　　我说："时间差不多了，你去叫他们收一收吧！"

　　他不肯起身。我们相互推诿，逐渐为自己的借口加码：

　　"你快去吧！去叫他们会让我觉得心悸！"

　　"你去吧！因为我已经窒息了。"

　　心悸与窒息……我笑了出来。这就是平凡父母摆脱不了的疲惫和焦虑。

　　我想，原来我这个开设亲子讲座的心理师，骨子里也是个平凡又疲惫的母亲。

　　心理师的训练教会我，能否放松的关键在于：自己能否停一停？能否有知觉地过日子？我们要练习更有弹性与洞察力，筛选一下，做对的事，而不是纠结着一定要把事情做到多好。蜡烛可以多头烧，但若没油了、该熄火时，就别留恋挣扎，放手就好。

　　这些觉悟理应有助于我活得更美好，可惜属于我的现实是——每天回到家，这些觉知、弹性与洞察能力也跟着下班了。我常依着旧有的习性，陷入喧嚣狂乱的世界，再为了躲避喧嚣，有时愤怒控制，有时惊慌遁逃。

　　当"心理师"与"妈妈"这两种身份不断分裂，随之而来的，就是无论自己扮演什么角色都有冒牌货的感觉。

## ✻ 认清、接纳"非名牌"的自己

　　那就踩着真实的步伐前进吧！或许那才是属于我的，名为"真实"的品牌。

　　让这个真实的自己回家当个妈妈，这个妈妈，内在有爱、

温暖、坚强、包容……这些被歌颂的伟大之处，但同时也有疏忽、控制、愤怒、罪恶与软弱等黑暗的角落。

若想少些狂乱、多些安定，要做的也许不是挣扎着摆脱那些黑暗，而是去直视、整合这些真实。唯有面对不完美的失落，才能安心地与孩子联结，看清孩子的本质，也唤醒此生作为妈妈的中心价值。

就像有次和朋友聊到出国的事，他听出我的羡慕，笑问我："如果从头来过，你要跟我交换吗？"一句话扫空心里的落寞，我眼前浮现的是四个孩子真挚热切的脸，无论再烦、再乱、失去再多，想当妈妈的心倒是没有后悔过。

就撂开手，不纠结了吧！我就是个有野心还带点全能幻想的妈妈。适当的野心，是自我期许；合理的自私，只是优先选择爱自己。在体会到能力有限的焦虑之后，才能感觉到认清真实的放松。

为了家人希望自己全能，或许也是一种爱无敌。


## ✳ 好奇观察孩子的本质

我有四个可爱且具独特个性的孩子，样本够多的教养体验，足以让我信服孩子与妈妈的天性里，都有相当程度的"求生"能力。

　　这四个孩子，在少子化的现代社会里容易成为焦点，我也常得到旁人体贴的关注："这么多孩子，要如何教养他们？"我总在语塞、词穷中笑着带过："我想，应该是我们都有能力相互适应着活。"

　　老大、老二是第一对双胞胎，特质彼此互补。老大人称"散仙""理由伯"，个性乐观散漫，笑口常开，经常丢三落四。遇到麻烦时，要他想理由比想解决办法还容易。老二则是传说中的"出头哥"，他较有想法和意见，有源源不绝的创意与行动力，但是个性较为敏感、坚持，不顺他意时需费力引导，以免招来一场玉石俱焚的情绪风暴。

　　老三和老四是第二对双胞胎。老三有温暖的特质，热爱昆虫和动物，会招呼流浪猫并为它取名字，不让他养宠物，他就养"小强"和书虫。他是哥哥的"神奇宝贝"，因为他会努力跟上哥哥的脚步一起玩耍，乐于当被哥哥收服的小随从（当然也会哭着告状，说哥哥待他太凶、太不温柔）。至于最后一位"大神妹"，有属于排行所赋予的高超生存观察本能，还内建了极佳的语言认知系统，往往在上述三个男生（甚至是爸妈）思绪混乱、战成一团时，提供"大师级"的解决办法。

## ✳ 摸索并朝向教养的价值

四个孩子都有基本的生存能力，他们成长的走向，定然也有部分取决于父母灌注的教养。

我问自己：如果不自欺欺人，如果我有信心，有足够的弹性与教养能力，我想教出什么样的孩子？

不是为了传承家庭香火或满足我们的生命需求，也不是要延续我们的人生理想，更不只是要他们有不啃老的独立。我希望他们能快乐而自信地生活，希望他们勇于实现自己生命的价值，也希望他们能慈悲、善意地看顾别人，更盼着他们和世界有联结，并且贡献一己之力。

守护这些期待，才能让我们即使处于教养孩子的疲累、迷失、紊乱与困境中，依然可找回平稳的步调和努力的意义。

我们的确无法预料孩子们是否能长成我们心目中的模样，但我想，这些教养理念，定会对我的言行与心性产生重要的牵引，也会成为我在规范或支持孩子时，永不放弃地引导他们前行的方向。

# ＊ 觉知而有弹性地并肩前行

关于教养，我无法传递所谓最好的方式，而是去接纳自己与孩子互动的过程，在其中保持觉知与弹性，并且朝向我们认为重要的价值而去。这本书分享这些日常故事，一方面祈愿身为父母的我们好好呼吸，给自己喘息的空间；另一方面也希望从孩子身上汲取直观的能力，让我们有力量与方向能持续改变。

英国诗人威廉·布莱克（William Blake）有一句诗是这样的："一沙一世界，一花一天堂。"每天是平静还是狂乱，是辛苦疲倦还是充满乐趣，的确都是来自我的视野。

我问自己，我视野焦距的收放来源为何？是僵化，还是具有弹性？

我想，那终究来自有觉知的生活。所以，我记录我的内心戏，一件件、一桩桩地，记下与孩子的对话，珍视孩子平淡无奇或是意料之外的各种表现。

正视纠结确实会带来一些难受的感觉，我猜想这也是许多父母都曾出现过的共同挣扎，但当我们试着开放地抓取，清醒地挪动，相信在每个认真看待孩子、觉察自己的当下，都有机会感受到教养的天堂经验。

　　然后我们将深刻体悟——原来，亲子是这样彼此并肩前进的；原来，"老师"就在我们的身边。

# 一 个 小 孩 一 个 样!

● "大神妹"
**妹妹**

有着超年龄的成熟个性,却也有着小孩的通病:爱赖床。有老小独具的"冷眼旁观"能力。这位淡定妹总能在手足的混乱拉锯战中,一句话给出"大小通吃"的结论。

● "神奇宝贝"
**老三**

个性温和,很需要大人的关注。虽然爱哭,但温柔哥厉害的是哭完情绪就没了。爱告哥哥的状,可是也乐于当哥哥们的小跟班。

● "出头哥"
**老二**

个性固执,虽然较缺乏弹性,但是有主见又坚定。高敏感小孩,却也是暖男一枚。行动力超强,堪称是创意一哥。

● "理由伯"
**老大**

个性老实,是超级乐天哥。很容易分心,一做功课就像屁股长虫。"理由伯"不是浪得虚名,惹麻烦了,可都不是他的错。

# 目录

还是喜欢当妈妈

# 目录

PART 2　　兄弟姐妹

## PART 3　小孩在学校

PART 1

妈妈和小孩

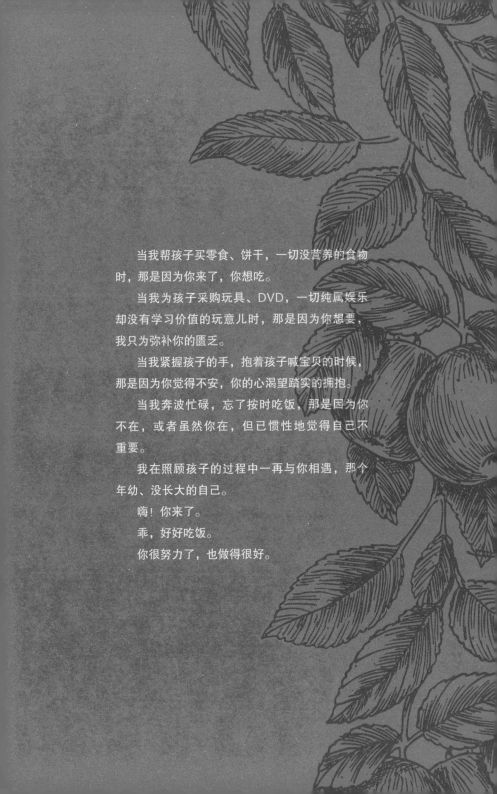

　　当我帮孩子买零食、饼干，一切没营养的食物时，那是因为你来了，你想吃。

　　当我为孩子采购玩具、DVD，一切纯属娱乐却没有学习价值的玩意儿时，那是因为你想要，我只为弥补你的匮乏。

　　当我紧握孩子的手，抱着孩子喊宝贝的时候，那是因为你觉得不安，你的心渴望踏实的拥抱。

　　当我奔波忙碌，忘了按时吃饭，那是因为你不在，或者虽然你在，但已惯性地觉得自己不重要。

　　我在照顾孩子的过程中一再与你相遇，那个年幼、没长大的自己。

　　嗨！你来了。

　　乖，好好吃饭。

　　你很努力了，也做得很好。

# 哪个妈妈爱当生气巫婆呢？

　　妈妈的愤怒实在是种特别难以面对的情绪，感觉既混乱又正常，貌似惊死人的炮火猛烈，却也很容易虚晃一下就复原。

　　下班回家后，为了"三不一没有"的小事火了（不收拾玩具、不洗澡、不写功课，加上没有带餐袋回来）。嘴巴催着，心里怒着，身体坐在沙发上气呼呼的，看着老大的联络簿，还在想怎么请老师处理餐袋的事。

　　此时，老二拿了他画的画给我看。"先去洗澡。"我看了一眼，点点头，没称赞也没笑脸。

　　这下换老二不开心了，嘟着嘴说："哼！妈妈不喜欢我画的画！"

　　接着妹妹也把画拿来，我都还没开口，老三就接话："你那边没画到。"

　　这妹妹啊，泪奔哭喊："你们不喜欢我画的！你们不喜欢我画的……"

老二加入，指着我控诉："哼！你不喜欢我画的。"说着说着，眼泪也掉下来。

闹剧，这不就是张画吗？你们哭什么啊？想大叫的是我吧……

"够了！你，去洗澡！其他人统统安静！"

一片喧嚣中，我听见自己大吼一声。

## *为什么我又忍不住吼孩子了？

当妈这个工作容易耗竭，而试图当全知全能、秒速变频的妈，更是会置自己于死地。孩子的眼泪算是一种哀悼吧，为他们心里幻想的那个全知而包容的母亲消失了而哀悼。

我也不喜欢这样凶恶的自己，但……抱歉，我的级数太低，变频调节运转困难。只能期望自己尽量师出有名了。

对待孩子，我何尝不想温柔又坚定？但真实情况是，我在自己当妈妈的狂乱世界里，想取得孩子们的注意力、想传达明确的讯息，吼那么几句，只是想要利用一点妈妈的权力与解气的需要而已。

就当那是分贝数高了些的表达方式吧！容许自己不再纠结吼不吼的问题了。

## ✳ 对着孩子，我到底有多少种表情？

从孩子眼里看去，看见的是一个什么样的母亲？是否就像童话故事里，让可爱孩子哭泣的，若非坏心后母，就一定是可怕的巫婆？

眼前这个妈妈，时而温暖，时而搞笑。好的时候如同神仙教母，但是好景不长，妈妈更多时候是会严格要求，甚至大吼大叫的可怕巫婆。同一个人有两张不同的脸，孩子多少都会认知失调或是受到打击。

但是，换个角度想，巫婆为什么一定都住在幽暗的森林深处？为什么童话故事里，小孩一定要走过森林？

透过故事，我们包容孩子潜意识里的巫婆幻想，其实那也是成就孩子离开母亲，走向冒险独立的必经之路。

## ✳ 就是需要五分钟，给生气的我自己

四个孩子愣住的模样，看起来真是有点吓到了，暂停了哭闹。至于我自己则是在威吓后解气了吧，可以好好说话了。

"妈妈在生气。你们不能要求我马上就好，马上就笑眯眯

地讲话。我不能，我要五分钟才会好。"

我追问："你们生气或哭的时候，可以马上就笑吗？你能吗？"

老二点点头，硬是努力把嘴角上扬，最后还真扑哧笑出来，搞得大家都笑了。

唉！我摇摇头。

"那妈妈跟你们说对不起。你们可以，我不能，我就是需要五分钟。"

老二："其实我要三分钟。"（是不是？）

老三："我只要十秒。"（你有时间概念吗？）

暂停着的妹妹又继续哇哇叫："我要十分钟啦！除非妈妈抱我……哇哇！"

也是，情绪来了，我们都需要安抚。没办法，我的修为，就是需要五分钟的自我安抚时间。

"可以让妈妈坐五分钟吗？你们去做该做的事。"我问。

原来真的这么简单，老二转身去洗澡，妹妹挂着眼泪和老三一起去画图。

贴心的老大跑来，说："我来抱你，你会好得快。"

## ＊我不完美，我只是个真实的母亲

孩子们的成长，不正是如此吗？总是在不断认清，或者慢慢释然。那些打击他们的，不都是来自眼前大吼或是拒绝的妈妈吗？其实，某部分是来自心里幻想、期待着的那个无微不至、有求必应的妈妈。

但，现实中的妈妈呢？

孩子啊！请还给妈妈真实的样貌。她只是个爱着你们，引领你们走过渴望、幻灭与觉醒的女人。

此刻，我召唤自己的妈妈魂，自信地认同自己也许不是神仙教母，但也不是巫婆。

我只是个有血有泪，有时幻想单身，有时也会"死机"的母亲，一个不完美的母亲。

妈妈，歇一歇

其实孩子不需要妈妈完美，
只需要妈妈承认自己不完美。

# 为什么老是不听话啊？！

当父母的大概不乏这种经验：你叫小孩不能碰那个漂亮的玻璃瓶，讲了无数次，甚至他伸手你就拍下去，结果即使他当下缩了手，也看着你认真地点头，不出五秒，那手还是仿佛不是他的手一般，往那个瓶子摸去。

最近再次发生了这样的事情。

早上，向孩子们预告了爸妈会晚下班，将由奶奶暂代 CEO。我帮他们把洗澡顺序安排妥当，也把激励条款说明清楚，剩下的……交给天管了。

回家时，还拿着钥匙开铁门，就听到里面有人大喊："妈妈回来了！"

听见这喊叫，心里暗惊："这下不妙！"

果不其然，老大趁着奶奶去洗澡，正捧着一大锅水往某个没收到柜子里的玩具里倒。

我大叫一声："你在做什么？"

来不及了，那玩具底部根本不能盛水，水哗啦流了满地。

妹妹和老大对看，试图解释："我们只是想让狗狗玩划船的游戏。"

对这种现行犯，我、我、我……唉！原来气结时还真的会说不出话来。前两天没收那玩具就是因为他们拿来装水，那次还只装了一杯水才没落底。

老二和老三说："妈妈，我们没有！只有哥哥和妹妹，是他们从柜子里拿出来的。"老二当时在房间组合积木，另一个则边观望边玩动物玩具。

妹妹继续说："我本来也没有，是哥哥拿的，我只是太想玩，就帮他装水。"

老三落井下石，说："我跟他们说了这样会被妈妈骂！"

老二则是帮忙道歉："妈妈，对不起。可是我没有，我知道这样不对。"

老大呢？急着擦地收拾，一声不吭。

深呼吸，深呼吸，深呼吸——

我安慰自己，至少孩子们都洗好澡，也写完功课了，他们还是有遵守承诺的能力。至于游戏，那是孩子的本能，即使他们知道这么玩不对，总还是手痒心痒，不试试就不死心。

## \* "想做就做"或"乖乖听话"，是小孩永远的挣扎

其实，孩子们也有自己生活上的不容易啊！有自己想怎么玩、怎么做的内在冲动，也要学会遵守外在的规则和要求。他们运用自己的方式来调和内、外的差距，发展出不一样的选择：也许是照单全收地顺从，也许是跃跃欲试地挑战，或是冲动难耐地偷偷来……但都是在努力适应和生存。

如果，这些选择的经验会形成孩子面对世界的模式，眼前这件事，我会怎么处理？

先不管孩子们在冲动时是怎么看待纪律的，或许我们该先认清的是，冲动与纪律之间应该有条"通道"。而在通道生成之前，对这群熊孩子来说，"处理冲动"和"遵守纪律"就像是动物星球和新闻台一样，是不同频道的事。

最无奈的是，我发现即便是迈入中年的自己，也还有找不到通道的时候，只能落入"说不行就不行"的窘境。

教养的事，哪里能一时半刻想清楚？既然想不清楚，那就先让他们尽量说清楚吧！

"擦干净。老大和妹妹晚上只能看书，不能玩玩具了。还有，要想想妈妈为什么要骂人。"

老大这才说话："我拿这个没有问妈妈，妈妈不让我装水我还装。"

"对，妈妈更气你没问我就偷偷从柜子里拿，至少你要先问过我。"

妹妹追问："可是打电话给妈妈，你会说可以吗？"

"我会跟你说可能会漏水，玩具可能会坏掉，你们如果还要试，就让你们去厕所试。"

"妹妹，做错事就认错，改掉就好了。"老大转头认真地说。

好啦，算你是好汉一条。


## ＊陪孩子看清自己的"内在频道"

"即使到了我们这个年纪，也还在练习、还在理解，如何把心里的话好好说、慢慢说。"一位好友曾经这么讲过。

从他律到自律，需要相当程度的认知和语言能力。即使再诚恳，要"把话说清楚"确实不容易。孩子的语言能力不足，成人则是节奏太快，我们多半都对"说清楚"这件事无能为力。

那么，能不能先不急着让孩子以纪律来处理冲动呢？

先单纯地看清楚"冲动"这回事。毕竟，我们无法放掉自

己没有觉察的事物，而"冲动"这种感觉，正是没有办法清楚地知道自己为什么想要就要。（如果清楚了，就会有其他的选项，那么，是否不需要纪律来限制也可以主动放弃了？）

无论冲动或纪律，频道要切换就切换吧！之后再慢慢通过语言与一次次的道德撞墙，建立起调和的通道。

而在那之前，先和孩子一起练习看清楚当下这个"频道"的节目，通过对话培养自主的选择。对孩子来说，这样的过程，也许才是可以长久的内在秩序。

## 小 孩 剧 场

### 冒烟

一群鬼鬼祟祟的小孩，在我拉开厨房门时一哄而散，只听见热水器轰轰地响，厕所的水龙头开着，冰箱门也开着。

"在干吗啊？"我看不出所以然。

"我们在做实验。"始终都是妹妹比较勇于回答，接着才是哥哥们七嘴八舌地解释：

"就是让厕所的烟跑出来，冰箱的烟也跑出来，看谁比较厉害啊！"

"还有还有，把厕所的烟关进冰箱，让它们对战。"

"冰箱的烟比较厉害。"

我问："结果呢？烟怎样了？"

"妈妈，你来得太早了，烟不够多啦！"

"厕所的比较弱，被消灭了。"

我关上冰箱："看得到妈妈头上冒的烟吗？"

再一次，一哄而散。

# 天马行空的碎碎念

我们总是费力地想带领孩子把心里的话说清楚，但麻烦的是，很多时候，其实我们也只是"习惯"这么说，并不真的清楚自己心里的话是什么。

这天早上，比起其他早晨，算是比较不着急的，因为孩子们很早起床（日出而玩啊），六点出头就在房间走道上追来追去了。

我从房间走出来，看到老二站在楼梯的木头门栏前（门大概九十厘米高，防婴幼儿滚落楼梯用），拿着他喜欢的两个玩偶在门上排列着。

老二看到我，说："妈妈，你看！"

"不行！！！"我毫不迟疑地大喊。真的，那当下，需要三个惊叹号。

老二吓了一跳，立刻拿了两个玩偶就跑回房间。而我，还在自己的状态里呼喊着，要他出来。

"不要，你会骂我。"老二说。

"不会，我不骂你，你出来。"

他出来了，带着眼泪。

"这样很危险。"

"不会啦！"

"我们说好不在楼梯口玩，也不可以丢玩具。"因为那会伤害自己，或伤到别人。

"我没有啊！我没有在楼梯口玩，也没有丢玩具。"

我拉着他坐下，说："可是你在楼梯门上放玩具，然后故意开那个门，玩具就会从楼梯掉下去，底下如果有人就会被你的玩具砸到。这不是在楼梯上玩吗？这不是在丢玩具吗？"天啊！我这是在跟一个小孩辩论吗？

"我没有……我看到没有人啦！"老二哭着说。

"好，不管有没有人，妈妈只是要告诉你，这种玩法同样不可以。"

"妈妈抱啦！"老二依然哭着说。我抱了抱他。

去厨房洗杯子时，隐约觉得哪里怪怪的，又说不上来。

老二跑到身后抱住我，轻声说："妈妈，对不起。"

我心里有点难过，但说不上来在难过什么，只是回过头抱抱他，告诉他："没关系。"

上班的路上，我注意到自己心情闷闷的，呼吸时胸口有些不顺，感觉哪里卡卡的。这个闷也让我注意到自己的难过，大概

是因为听到孩子那句"对不起"吧，一路上环绕在我的脑海里。

我问自己怎么了，同时开始有种感觉，其实是我错了。

我不分青红皂白，只是看到孩子在楼梯口玩就下意识地阻止，没有道理可言。他是真的注意看过底下有没有人，也不觉得小玩偶会跟"伤人"扯上边，并没有违反我们的任何约定，而我的辩论，却硬是把"违反约定"扣在他的头上。难怪他的第一感觉是委屈，后来躲到房间里面哭个不停，大概是心里觉得说不过妈妈吧！

## ＊嘴上念个没完，心里懊恼不停

每天，我都会听到自己说这些话：

"快去收一收！""统统整理干净！""到底有没有在听？""不要这样！停下来！""还玩，都不听话！""为什么都要妈妈生气地说话？""吃饭啦！吃完饭再讲！""不可以就是不可以，不要再问我为什么了。""不行，我数到三啊。""安静，不要再吵了！"

所有的指令都伴随着威胁、恐吓的语气，有时使唤，有时烦躁地数落，如果再加上不离手的手机或平板电脑，大概就是我最不喜欢自己，也最不欣赏孩子的时候了。

这种时候多吗？说实在的，每天都会来上一会儿。可想而知，我们不仅喂养了孩子的害怕与不在乎，也喂养了自己的懊恼与罪恶感。当彼此的这些感受被养大了，又会为了逃避它们，而让这样的循环更加扎实地存在。

我问自己：明明知道该怎么响应，明明知道只要慢一点、多想一点，情况就会不同，明明知道只要安静而专注地看孩子玩耍就好……怎么那么多的时候，还是执拗地忽视这些"明明知道"？

● ● ● ●

晚上，妹妹想玩哥哥的玩具，哥哥拒绝了，妈妈也说不可以，妹妹却还是打开了。

我问她："妹妹，你都听到哥哥和妈妈的话了，怎么还是把它打开？"

她吐吐舌头，说："因为实在太想玩了，所以忍不住嘛！"

也许，如果让孩子安心地说，反而能把话说清楚，而他们心里的声音往往就这么简单。

妈妈先承认自己有时太急着避开燎原的星火，有时太想解决问题，或是忙着收拾残局，所以即使知道怎么说、怎么做比较好，还是会依着心里的不安与惯性来处理。

每时每刻，我都在响应自己内心的各种疑问："可以不可

以？""左边或右边？""要前进，还是回头？""快些，还是慢点？"……而这些最终的决定和选择是如何形成的？有时可以慢慢想，有时凭的是直觉，更多时候，只是本能地趋乐避苦而已。

### ✳ 妈妈也需要练习定心地看

如果这个家是一艘在海上航行的船，那么，"船长"其实也是一个常常惶惑不安、佯装镇定的"孩子"。

我也很想让孩子安全、自由地探索世界。但是，唉，我那顽强的"习性"啊！总是率先出手搓掉孩子正在萌芽的自主与好奇。即使努力提醒自己慢一点、缓一些，仍会不假思索就开骂或拒绝，甚至想通过辩论坚持自己的掌控权。

没关系吧！一次次慢慢练习。假如早上的时光可以重来，也许我会看得再清楚一些：这是一个七岁的孩子，我可以先问问他楼梯下面有没有人，如果他已经注意到没人，我就可以欣赏他已具有的判断力。

当他说："妈妈，你看！"我可以试着以小孩的眼光看见玩偶站在门上的趣味。也许这对孩子而言，才是创造力、游戏力的滋养，而我也会因为和孩子踏实地讨论，体会到真正的安心与自由。

# 妈妈就是忍不住会焦虑

一早，老三到处找他的铅笔盒，每隔一两分钟就跑来问我同一句话：

"我的铅笔盒呢？我的铅笔盒呢？我昨天明明放在桌子上了啊！我的铅笔盒呢？"

天啊！日复一日忙乱的早晨，可没准备加上"找铅笔盒"的新任务。

我手里忙着，嘴上唠叨："我不知道。谁叫你乱丢？自己去找，书包翻一下……"

他找不到又来了，我只好再说："去游戏区看看有没有！"

不成又来，我回："妈妈怎么会知道在哪儿？房间里找一下！"

就这样，折腾了好一会儿。

哥哥们倒是觉得有趣，当成游戏一样，妈妈指令一出，老大就呼叫老二与妹妹帮忙。一群小孩冲过来冲过去，用快进镜

头来看应该很有趣，像是名为《铅笔盒躲猫猫》的舞台剧。

游戏稍微冲淡了老三的懊恼。可是直到要出门上学了，还是没找着，他哇哇哭了，叫着：

"老师说要带铅笔盒，我没带就不能去了！"

我下意识地接话，说："那是哥哥一定要带，小班不用！"

"要带！如果小班不用带铅笔盒，那为什么妹妹……小班，她没有，你还要帮她准备？"

他虽然正在哭闹，却还思维清晰地回答我。有对照，有比较，有假设，有质疑——对一个四岁半的孩子而言，这算是相当高级的辩论了吧！

身为妈妈，尽管觉得自己的权威被打压了，还是不得不佩服他的认知系统运作得相当不错，在哭闹的状态下，可以用这样一句话辩驳妈妈，逼着我去正视自己总是想要"糊弄带过"的意图。

因为辩驳，才逼着我停下来，然后发现自己的糊弄，是为了习惯性地赶时间与逃开麻烦事。

## ✳ 看见自己的焦急

"禅宗二祖"慧可昔日向达摩祖师求法时，说："我心不安。"

达摩祖师说："你把心拿来，我帮你安。"

慧可答："心在哪里？我找不到。"

达摩祖师则回应："你的心，我已经帮你安了。"

我的四岁小儿，倒是令我察觉心有不安。心看不见，也找不到，但如果察觉到自己的不安处，就是找到习性中容易着急的心了。

每个人的习性不同，在意的点也不一样，有些人在意整洁，有些人对于失误、疏漏无法放过。对我来说，"时间"就是我的弱点，就像《爱丽斯梦游仙境》中猛看表的兔子，总是喊着："来不及了！来不及了！"

这次，是孩子对谨遵师命的焦虑，撞上我对准时的焦虑，"鬼打墙"只是刚好而已。

有了这些发现后，一笑置之，我才开始分辨自己到底在急什么、逃什么：害怕孩子哭闹不休？害怕孩子无限上纲地拒绝上学？害怕耗费自己的时间和精力？害怕……

然而，当我陷在自己的习性与害怕中，哪有多余的空闲处理孩子的习性与害怕？

而且说实话，我努力安抚的只是自己满满的害怕与不安，又与眼前的娃儿何干呢？

• • • • •

先把我的部分看完放在一边，才能空出自己的心来面对老三，去响应他心中的不安。

我一个字一个字慢慢地说："我知道你怕老师骂。不怕，妈妈知道你不是故意的。如果你不哭，好好告诉老师，老师也会明白。"

见他冷静了点，我更缓慢、更坚定，一字一句地说："我们现在要上学了，铅笔盒回来再找。你听懂了吗？"

只问听懂了没，不是问好不好，是为了"强迫选择"，他只能点头并回答"懂"。

老三点点头，牵起我的手出门了。还好，只多花了四分钟。（唉！抬头看时钟，表示我又切换回追时间的我了……）


## ＊留一份宽容，给自己，也给孩子

"若孩子还是持续哭闹呢？"朋友问。

我的心机重，要糊弄地达到目的，方法还很多，应对这些孩子们堪称足够。如果自己可以不着急了，就持续而坚定地复述同一句话。

孩子若始终不买账，也许他在意的点就不是老师了。虽然还是猜不到他的心想要些什么，但至少会清楚孩子此时的内在就如同我们被不安充塞一样，混乱，无法言说。

我们就先腾空自己的心吧！

接着，抱抱他，话不用多，短短响应一句"妈妈知道你不开心"就好。不需在语言上着墨或预告自己要怎么做。

在孩子情绪缓和时，直接牵起他的手，以行动来引导他离开胶着状态。这是一种直接面对孩子的姿态，而他将会在等待与联结的行动中，体验到如何渐渐安稳下来。

只是，当个聪明机灵的妈妈容易，要成为自在、真实的妈妈却非常困难。尤其孩子一年一年地形成了自己的个性，我猜错或解读错误的次数，有时比猜对还多。方法和技巧可以通过学习变得熟练，但最困难的是，遇到状况时，如何提醒自己从数据库中把它们提取出来？

我那满载着习性与焦虑的心啊！如何能不顺着自己的习性而走？是否能够停下来，去消化或框住自己的不安？是否能在心中腾出空间，接纳孩子的状态？

也许当我做到了，才是真正的"游刃有余"。

小 孩 剧 场

## 脑袋破洞

妹妹问老三："你记得老师说明天要穿短袖运动服吗？"

老三："不记得，因为我的脑袋破了个洞啊！怎么会记得？"这种比喻亏你说得如此自然！

老大在旁边整理乱七八糟的书包，喜滋滋地笑着叫我："妈妈，你看，我找到了，都忘记了我有这四个抹布！"你的快乐建筑在妈妈的虚脱上。

老三对妹妹说："你看，哥哥的脑袋也破了个洞。"这倒是真的……

妹妹："他是没有脑袋吧！"

# 我知道你很爱我

"我知道你很爱我，离开妈妈去做你想做的事是没关系的，我会很安心，这表示你长大了，心也大到可以把我装进去带着走……没看到我也不用怕我不见，这样很好啊！"

我牵起妹妹的手，按按她的心口，面对面这么告诉她。

● ● ● ●

这天晚上，妹妹说她想要自己的床，不想跟我们睡。我刚开始有点犹豫，说我得再想想。

她接着又说："还是不要好了，我还是喜欢跟爸爸妈妈睡。"

"你要不要先练习，你跟三哥哥睡，也可以自己睡？"我提议。

但也许是我前几天不在家，妹妹都跟奶奶睡，她试验过，也准备好了。

"我想自己睡，可是又想跟你们睡，然后跟哥哥聊天就会睡不着，但我又想和他说话……"

女儿啊，人生就是得不停地在这些"要"与"不要"的矛盾中，一次次做出选择，再面对选择后的失落。

"我们都爱聊天啊，可是就像妈妈不在时，你会帮忙管哥哥一样，你也要练习管好自己啊！"

"好，那我要自己睡。"没多久，"不要了，我还是要跟妈妈睡……"再过一会儿，"妈妈你先出去，我自己睡。"不到五分钟，又跑来，"妈妈，我睡不着，你陪我睡……"

就这么来来回回了无数次。

如果有录像，左边一个屏幕播放着三兄弟躺在床上聊天聊得挺开心的画面（给他们明确的限制后，转为窃笑着小声聊，这会儿也不知睡到哪个层次去了）；而右边另一个屏幕，则会看到我们这对母女，门里门外虽然没有说什么话，却老在跑进跑出，忙得很，看不见何时才能终了。

看着妹妹跑来跑去，我自己也为了响应她而奔波着，不禁想问：我们两人到底在忙什么？

我知道我想训练孩子自己睡，但如果孩子的心没有跟上，大概就会像现在这样，免不了要一连串地折返跑。

要放弃吗？还是再跑一下？我问自己。

## *睡觉，是分离的必经过程

也许，这过程不只是选择什么或失去什么而已，更像是孩子朝向独立或妈妈愿意放手时，想通过抓住些什么，来让彼此内在的骚动得以平抚的方式。就像情侣分手时的藕断丝连——明知彼此难以继续，准备好要分开，却总还是有那么点舍不得。"我们再试试。"只为留住那点美好温存。

孩子心里都向往着独立，所以分离是必然的。但是，进入睡眠像是进入另一个世界，如同我们到异地远行，当没有足够的冒险精神和认同自己可以处理的信心时，就会希望能有个旅伴可以依赖、壮胆。

孩子害怕睡觉之前的分离，也是因为心里还没有足够强大的安全感，能让他在困惑不安时依靠。

他们需要抓住外在关注自己的来源，以相信自己是安全的，就像学步儿探险时频频回头，只是为了搜寻生命起初认可的眼神，再把那道眼神存在心里，成为安抚自己的力量。

## *一点一滴地滋养安全感

一般来说，安全感会随着经验的灌注慢慢变强大，也许是

分离之后再看见父母，也许是其他照顾者的安慰和滋养，或是孩子从挫败与混乱之中，体验自己持续被爱着。看来，这些安全感的来源，都不是这一刻倚赖我说什么就可以直接拥有的。

"好像也不用那么急。"我这么对自己说。

以现在的情况来看，大概要等到我们母女俩都累极了，才能甘愿放手吧！

回想起来，老大和老二也是如此。好一阵子，我轮流在不同的床上睡着，被"无影脚"踢醒后，我回到自己的床上；等他们醒来，又跑来找我挤成一团……这样持续了好一阵子，直到我累得受不了，在某天颁发诏令：

"妈妈这样实在睡不好，即日起，哥哥们自己睡，妈妈停止陪睡，钦此。"

有趣的是，我原以为会引发一阵骚动，却没有太大的反弹声浪就过去了。至于老三，最近因为贪玩，喜欢去跟哥哥厮混，虽然不能说长治久安，但或许这也是他的过渡方式。

如今，妹妹撞上了这个议题，我的心告诉我："再累，也免不了要折返跑吧！"虽然接着下一句就是："一定要吗？"好像有些不情愿，但终究我还是选择以行动来安定妹妹的心，包容这样一场虽然有点"瞎"，但能看见深刻意义的忙碌。

## ✱ 慢慢往自己睡的方向前进就好

接纳"折返跑"后，我反而安心了，想为今晚设个时限：如果可以，想办法让妹妹安心地躺久一点，即便只是多五分钟都好；若不能，那就明天再继续。

"妹妹，不急啦！慢慢往自己睡的方向前进就好。妈妈知道你也想这样，而且因为我知道你很爱我，离开妈妈去做你想做的事没关系的，我会很安心，这表示你长大了，心也大到可以把我装进去带着走。没看到我也不用怕我不见，这样很好啊！表示妈妈在那里了。"我牵起她的手，指着她的心。

抱着她，享受这一瞬间的安静。

"不用急，你先去睡。妈妈会在客厅。真的睡不着，就闭上眼想想妈妈坐在客厅的样子，那也是在陪你，好吗？"

妹妹抱了我一下就回房间了，这次没再跑出来。

妹妹晚安，祝好梦。

## 妈妈，歇一歇

放手，放下身为母亲，
血液里流着的想要和孩子永远在一起的母性。
允许，让自己在心里适度拉开与孩子的距离。
因为慢慢地，我们即使失落，
也会真心期望孩子成为一个完整的自己。

# 晚上该睡不去睡——上床记

我们家就像宿舍，有管理规章，例如：在晚上八点以后，不能玩追来追去、打来打去、丢来丢去……什么来什么去的游戏，只能看书、写字、画图、听CD，只要老实坐着，想写书法或刺绣也可以。这是因为八点半要进房躺平，酝酿睡意。若没那半个小时的缓冲，孩子们会睁着亮晶晶的眼睛，进到房间像进入亲子馆，大叫、追逐兼跳床。

而妈妈呢？过去还能优雅地讲睡前故事，但随着他们长大，故事再无吸引力，就只能像打地鼠般，为了要孩子们安静躺下，又是怒吼，又是抓狂。

某天晚上，暖男老二到了八点钟还想继续练接球，被我制止了。

起先，他试着争取："已经七十个球了，我快接一百个球了，再玩一下就好。"

我摇头拒绝。他停下来，却变回那熟悉的高敏娃儿，生

气、抵制、握拳、哭闹，整整半小时。

我也生气了："讲好的就一起遵守。如果你玩了，哥哥、弟弟他们也都想玩，就会变回以前那样，晚上睡不着，早上起不来，妈妈又要生气了。"

"我不会那样，那是你自己爱管、爱生气，又没人叫你生气！"

够狠，妈妈心上被插了一刀。

"好！对，都是我，是我爱生气，爱管你们。那我不管你们，随便你们，就不会生气。"

"管他抛不抛弃！"这话还是吼出来了。

"这样讲好吗？"我坐到"冷静沙发"上，心里飘过这么一句。


## ＊冷静之后，看见孩子的好

这几句狠话很熟悉，长大的过程中，只要自己有点反骨，想认真争取什么权益时，就会听到父母或某位老师抛出类似的话语。当时听着刺耳，心想：

"你们大人怎么都不讲道理的？只会威胁要抛弃，然后要我们服从。"

我也曾立志要倾听、要明理，觉得自己怎样都不会那样对我的孩子们说话。曾几何时，我也成了一样的大人，一样拿着权力的枪支，只是那根神经还没被真正挑起，自己还没扣下全有或全无的扳机……

老二冲回房间里哭，其他三个小孩和爸爸也不敢介入，默默回房。

老二边哭边说："呜……不管就不管，我又不会那样，我又不会那样。"

唉！这话我也熟，因为我也曾委屈地气哭过。

其实这孩子的执着已经调整很多了，尤其平时，只要是他接受的规则，他都是最自律的，从来就是该睡时去睡，最早起床。老师也说，早自习时就算全班吵翻了，他也自己看书，不为所动。


## * 我会笑眯眯地等你

妈妈冷静过后，感觉被刺的心痛已缓，就剩下理解后所生的愧疚。

走进老二的房间。跟他同房的老大累极了，没管弟弟哭声震天，还是照睡，实在令人佩服。

　　老二看我进房，爬起来站在床上。我们很有默契，先来个"和好大抱抱"。

　　"好了，好了，妈妈刚刚想过了，对不起，我不该那样说。我一定会管你们，但也应该要听你说。今天是我忘了你其实很会管自己，因为其他三个人还不太会，我怕大家都会拖拖拉拉的，又变回之前那样。"

　　"妈妈，我不会，我都会自己看时间。"

　　"好。那下次如果时间到了，你还差一点就完成呢？"

　　"你不用生气，给我五分钟就好。"

　　"好，你会管自己，就给你这个权利，我会笑眯眯地等你。但是，如果你常常这样，或是超过五分钟，我就要把权利收回，跟其他人一样不可以了。"硬是要把规则讲成是奖赏与荣耀。

　　隔天一早，我在"宿舍"公告周知。妹妹立马起床，说："妈妈，我也没赖床啊！"

　　"是，我看到妹妹最近都没赖床。好，如果一个月都没赖床，而且都按照时间去睡觉，就表示你们可以管自己，即使拖一下，妈妈也不会生气，相信你们真的只要'再玩一下'。"

　　● ● ● ●

　　我真的很爱生气吗？

　　在行为矫正技术中，有一个用语"负增强"，在这里恰好适用，也就是说：他们不赖床，妈妈就不生气。这样一想，孩子们似乎已把我的"生气"，当成不赖床或其他好行为的"负增强物"了。那么，好吧，我只能苦笑承认：是，我很爱生气！

# 早上怎么起得来——赖床记

　　已经三四天了，孩子们不像之前一样会主动早起跑来叫妈妈，而是换成妈妈得跑去床边叫他们起床。甚至，又得当回那只母狮子吼个两句，威胁他们要收回玩具，口中数着："一——二——三……"

　　就像这天早上，七点零五分，为了叫老大和老二起床，已经逗他们、抱他们一会儿了，还在努力着。

　　"起床了，换你们来妈妈这里抱抱。"

　　两人翻个身，装作没听见。

　　"七点了，去尿尿和刷牙。"我的音量比刚才大了一些。

　　他们翻来翻去，看了我一眼，但依然趴着。

　　"起——床——要上学了，会来不及，不要让妈妈这样一直叫。"

　　老二也一副很生气的样子，说："不要，你出去！不要起床！还没七点，还没七点……"

这是在睁眼说瞎话吗？

我只好再叫老大："你先起床，快点。"

装死，完全不理。

我有点无力地看着他们，感觉自己又快要进入狮子吼模式了。

"赶快起来啦！你们要上学，妈妈也要上班，快迟到了。"

老二也更大声了。"你出去！不要上学，今天不用上学啦！"

睁眼说瞎话，again（又一次）。

我感觉自己叹了口气，心里飘过千思万绪："该怎么办，又要开骂了吗？""有这么小就厌学的吗？""这孩子！唉……"

不过，心里的这些声音反而让我冷静了下来，问老二："你知道你在赶妈妈出去吗？"

他还是趴着不看我，只是喊着："不要，不要，不要，不要！"

看来是进入"什么都不要"的自闭模式了吧！

## ❋ 狮子吼妈妈变身为"好奇"妈妈

坐在老大的床沿，看着旁边的老二，我突然好奇了起来——真的，像是切换到另外一个模式（也许是好奇模式？总之不是那只焦躁得想吼叫的狮子了），突然平静了下来，只觉得困惑：这两个孩子到底想干吗？

摇摇头，想不通。

我转头问老大："你呢？该起床了吧！"

把老二晾一晾，他渐渐安静了下来。

老大眯着眼睛，说："弟弟起来，我就起来。"

"呵！呵！"我在心里笑了出来。这就是孩子多的坏处，总会上演这种联合造反、擒贼还要先擒王的戏码。

我戳戳老大，说："欸，你们真的要我出去吗？真的吗？你们最近怎么搞的？每天都要妈妈这样生气地叫你们起床……你可不可以跟妈妈说，我到底要怎么做，才能不生气地叫啊？"

老二躺在那里安静地听，我心想，不知道他会不会高兴有哥哥与他同在。

老大这下坐了起来，要我抱他，口中还在耍赖："你回你的房间，我会去找你！"这是个小孩，无误。

老二也坐起来了，问着："为什么要七点起床？为什么要上学？"哇！我暗自赞叹，这种对规则的"高级反骨式问题"终究是来了。

一时间，我不知道该怎么说，只好抓抓头，"好问题呀！妈妈想，这就跟你们喜欢玩的象棋一样吧，兵可以吃将，卒可以吃帅，游戏规则就是这样啊！"

"起床上学又不是游戏。"老二锲而不舍地反驳。

我也毫不让步："就把生活当作游戏啊，按照规则玩嘛！这样你啊、我啊、老师啊，爸爸、弟弟、妹妹……所有人，我们都会知道下一步该怎么走，你不觉得这样大家都会好过吗？"

老二愣了一下，回应："你先回房间吧！我会去找你……"

看看时钟，七点十五分，不错，只过了十五分钟。看来危机解除，妈妈这一回合安全"下庄"。

又是一场生活细节的智力大考验，不过这一次，我倒是惊奇自己可以跟"狮吼妈妈"分离了。

在一刹那，真的可以感觉到自己对他们只有好奇，而不是生气。

不进入对抗的模式，孩子便可以直接说出想法或问题，我也可以切割出某个平静的状态承接与响应。毕竟疑惑只是疑惑，而所谓反骨不反骨，只是我们用对抗模式来看待这些疑惑的眼光罢了。

● ● ● ●

到了晚上，我先向他们预告："嘿，你们明天早上一样要七点起床，准备上学啊！"

孩子们笑笑回应："好。"

老大还加码说："妈妈，我不会再赖床了！"

隔天一早，我还是早了五分钟去叫他们，以免他们再次赖床。

"我起床了。"老二坐起来，双手高举。

"太好了，你起床了。"

盲从的老大也笑着坐了起来。

这画面真让人心情愉悦啊！不知道能持续多久，但我有过和狮吼妈妈分开的经验，就不怕跟你们一回合一回合地上场操练了。

## ＊负责，不用卡在叫孩子起床时教他

果然，准时起床的日子没过多久，孩子们又开始赖床了。

明明前一晚九点就睡了，周一的早上，叫醒他们仍是件艰巨的任务。回想先前才为了处理赖床问题，大费周章地研究了好几天，总算有了逃脱狮子吼的机会，这会儿又来了。

早上七点十分，玩也玩过，叫也叫了，明明四个小孩都醒着，却像是约好似的不起床。

我坐在床沿，脑袋有点空白，不想再重复喊同样的话，但也搞不出别的花样，撑着下巴，跟自己说：放空一下吧！

老三偷偷看着沉默的我，自己爬起来去刷牙（他一直是个比较希望得到赞赏的孩子），回来后见其他三个仍在那里趴着，也躺了回去。

我问老三："你怎么做到的，可以自己爬起来去刷牙？"

他回："我就边睡觉边走路，去尿尿、刷牙，再回来睡呀！"

这好像也是个办法。

我问其他人："那你们有时候可以自己去刷牙，不用妈妈一直叫，怎么办到的？"

无声无息。

但没多久，老二说了："我只是现在不想起来。"

老大说："我舍不得我的小被被。"

这也不错，给了我清楚的理由。前者听起来是在说他起床的时间他自己决定，很像老二会说的话，至于后者……一样，还是同一个小孩。

无敌会赖床的妹妹呢？继续换个趴睡的姿势，没响应。

我问："那妹妹呢？"

她嘟嘴说："还想睡觉嘛！"

我就这样坐着看他们，什么都没想。静默又持续了一会儿。

"唉！"我站起来叹口气，"好喽，妈妈等一下七点五十分会开车，要坐妈妈的车就赶快起床，不然就晚点跟爸爸或奶奶走路去上学（这对我算是充满安全感的后路）。妈妈一向说到做到，现在不叫了，你们自己起来吧！"

回头又补上几句："对了，不要哭着说妈妈爱不爱的问题，你们心里都知道妈妈很爱你们，也很喜欢开车送你们，只是开车是固定时间，来不及就跟爸爸走路吧！"

● ● ● ●

"负责"该如何教？大概免不了要搞清楚在哪个阶段，是谁的责任，或者困难在哪里之类的问题。

我们不会为了一岁孩子赖皮而懊恼，也不会为了五岁小孩不帮忙洗碗而生气，因为我们会斟酌孩子的能力、特质与风险，希望培养他们的主动性更甚于服从性。有时，即使对于孩子们该做到但还没做到的事，比如六岁小孩反复尿床，也都还会试着了解"尿床"的状况是在传达些什么潜意识的讯息。

　　这些，都是我们在"负责"两个字底下权衡许久的思考，没那么简单。

　　但我认为，每个不焦虑的父母都有能力培养孩子必要的态度或技能：重点一是"不焦虑"，即来自父母内在的自信；重点二是"培养"，关乎外在的亲子联结及行动策略的选择。

　　就当我开的是辆娃娃车吧！说这些话的时候，我是真心想要那么做，并且做得到不生气，也不愧疚。我们免不了一次又一次地处理相同的事件或场景，像是赖床、说谎、翻白眼、抢玩具、打架等。

　　耐着性子重复地面对不代表无能，只愿自己每一次的处理，都在学着跨过某些关卡。

　　这一次，我准备花多少力气在和孩子对峙上？

　　当这四个孩子各自施展"执拗"的功夫时，我如何不成为第五个小孩？

　　要能够真心不愠不火地起身离开，这对我而言，已是心性与脾气的跨越了。

● ● ● ●

　　老大和老二看着我站起来绑头发、换衣服，两个人先后去厕所刷牙了。至于无敌爱赖床的妹妹，还继续在床上滚着。

　　爸爸泡了牛奶上楼来，我对他说："妹妹晚起没关系，等

一下我送他们三个去上学，晚点你带妹妹走路去啊！我会告诉老师说她晚点到。”

妹妹一听到"告诉老师"就坐了起来。

爸爸则是倒退一步，说："什么？"接着马上去拉小女儿，把她半推地送进洗手间，催促："快点！你也很想坐妈妈的车对不对？"

爸爸这样算是正面表述了，只是关于负责——先搁着吧！这算是"父女"的专利吗？如同我和我爸，仿佛行动的共谋……唉！也罢。

## ✳ 十分钟的赖床，独赖赖不如众赖赖

经过一段时间与赖床缠斗后，终于找到了一个让我们不吵架的办法，就是"把闹钟调早十分钟"。有时是我去他们的棉被里，有时是他们来我的床上，总之，独赖赖不如众赖赖。

大家一起赖床，在床上聊聊天，有时聊做的梦，有时说说早餐的菜单，有时一起讲讲天气，讲讲今日行程。当然，有时会为了要他们穿雨衣而吵架。

这招有效，给赖床一个身份，不知不觉地，不太会为了起床开心或不开心，而是会为了那段十分钟"渐渐现实"的内容

塞进什么而心情摇摆。

从睡眠到清醒，是需要过渡的吧！

十分钟的赖床，是我们自潜意识至意识的摆渡。

有天早上，妹妹赖床时问了我一个问题："妈妈，我想问一个问题，什么时候你最开心跟快乐？"

吓到我！我心里嘀咕：你是几岁啊，问这种问题？还是因为是心理咨询师的女儿？

我回答："跟你们玩的时候啊，抱抱的时候吧！那你们呢？什么时候最开心和快乐？"

老大说不知道，老二觉得和妈妈玩象棋的时候，老三说上课的时候。

"妹妹，你呢？"我问。

她说："吃早餐的时候。妈妈，我今天想吃起司热狗三明治。"

我还以为会是什么感人或充满哲学味儿的答案呢。并没有。但能唤起现实，摆渡得很迅速——起床吧！

必须说，妈妈对妹妹的欣赏已达偏心的程度了。

**小孩剧场**

## "负责任"放假了

又是老大，睡前还留了遍地的玩具。

老二要代收被我阻止。我叫他们三个先去睡觉，有点恼火地盯着老大善后。老大收完来讨抱，我感觉到自己有点生气，有点僵硬。

"我不想抱，还在生气呢！而且不知道怎么了，觉得越常抱你，你越赖皮！不是说好了你要练习负责任吗？"

他煞有介事地澄清："妈妈抱，妈妈抱，我赖皮跟你抱没关系！"

"真的吗？那跟什么有关系？"我好奇"理由伯"这次又要说什么。

"因为我的'负责任'放假了。"

哇！什么鬼？我的下巴掉下来了。

健康、快乐、善良、诚实、负责任，这五点虽然老派，但是他们打小就熟悉的家训，也是我期许他们遵循的价值观。他老兄前面四项可圈可点，就剩最后这一项……

　　我阴沉沉地问："那明天，你要不要让'快乐'也放假？"妈妈不喜欢输的感觉。

# 是创意，还是破坏力？

　　一直纳闷为什么这两天家里总是到处有蚂蚁。明明是干干净净什么都没有的桌子和只有书的书柜，擦过之后没多久，蚂蚁又来了。

　　现在我终于知道谁是罪魁祸首啦！

　　孩子们最近喜欢折小飞机（真的很小），家里到处都是，我用扫把清掉了不少，倒是从来没拿起来或细看过这些飞机。

　　一天早上，他们在楼下吃早餐，纯粹是好奇他们在聊什么，妈妈站在楼梯口偷听了一会儿他们讲话。

　　"不是！用这一面，这样盖下去，才会看到飞机下面，对对对……"老二说。

　　"飞机不好盖。"老大说。

　　老二说："啊，可是你上次用麦斯印章盖下去，还看不清楚，是因为花生酱太少吗？"

　　妹妹问："还是要用草莓果酱？"

老二说："不要，那还要去冰箱拿。"

"妈妈说，不可以自己开冰箱。"遵守规则的老三说。

老二又说："大哥哥，你用我的花生酱，我的比较多！"

这时妹妹直接跑去开冰箱，接着跑回来禀报："没有草莓果酱，只有奶油。"

"喔！你开冰箱。"老三指着妹妹说。

"又没关系。我告诉你，冰箱里有草莓养乐多，妈妈都没有讲……"

"你们看，这次比较清楚。"老大说。

老二说："你不要盖那里啦！会被发现，要盖上面。"


## ✳ 花生酱盖章的现行犯

差不多就好……虽然我很想继续听下去。

我刻意大声地关上楼梯的门栏，走到他们身边。可怜的老大，愣愣地看着我，手上还拿着满是花生酱的飞机，标准的现行犯。

"你玩花生酱？"我问，心里觉得又好气又好笑。

书柜上都是花生酱的印子，我去拿了抹布，叫老大擦。他倒是乖乖收拾，嘴上说着："还有老二，他叫我盖的。"

老二在旁边都不吭声。

老三加码，说："都是二哥哥叫他盖的。我没有盖！妈妈，我最乖。"

我摸摸老三的头，望向老二，问："你盖在哪里？"

他吐舌头笑了笑。老大帮他回答："他都盖在上面。"

连指带比画，原来都盖在柜子的上缘了——也就是说，除非我蹲下来由下往上看，否则不会看见。

"妈呀！这么多！"我惊呼。

不只柜子上缘，桌子也是，就像有人把口香糖粘在桌面下方一样，桌子下也黏得很，难怪这两天有清理不完的蚂蚁！

我的脑袋闪过了某个画面：连续剧里不是总有妈妈捏着、转着小孩的耳朵，把孩子拎回家吗？老实说，我现在真的有点想捏着老二的耳朵，拎他去罚站。

可是一这么想，我反而觉得好笑，停顿了半分钟思考：现在该怎么办？还要欣赏老二的创意吗？可是他偷偷摸摸的，如果只是一笑带过，会不会助长大家以后都一起这么做？慢慢教，好好讲呢？没用啊！他就是知道这是错的，才要"偷偷摸摸"。想做的事，知道不能做就偷偷来，只要确保不被发现就行吗？再继续这样还得了……

## ✱ 我到底在担心什么？

停止，再下去都是灾难的幻想了！

我问自己：到底我在乎的是什么？

弄花生酱盖印章？不，虽然玩食物不可取，但这对老二来说只是玩乐的方式，好教、好谈，容易取代。

我在乎的，就是那直接浮出脑海的四个字："偷偷摸摸"。它会勾起我后面一连串的幻想，我会因为那一堆幻想而生气或失控。忙着跟幻想打架的我，就会失去和眼前这些孩子真实接触的机会。

"停下来。"我只在心里跟自己这么说。

我拿了一块抹布，蹲在老二身边，对他说："去擦吧！柜子、桌子……还有哪里？梳妆台？好（这个字应该是勉强从牙缝挤出来的）……你之前盖过章的地方，都去擦一擦。再说一次，可以玩玩具，不要玩食物。大家说一遍。"

我很弱地宣告，孩子们很弱地复诵。

## ✱ 设立底线，让孩子自由发挥

孩子们都需要游戏，玩的方法有时带着创意，可能也带

着破坏力。我总是要提醒自己：准备好，任何事情都有可能发生。

一切都会随着成长而改变，不如给他们一条是非对错的底线，其他就由着他们吧！

至于偷偷玩、偷偷开冰箱，发现妈妈和世界会隐瞒（比如妈妈没说买了养乐多）、会骗人……这就比较花时间了，我得再想一想。

晚上、明天或之后再说好了，这种事，我相信很快就有机会再提起的。

# 妈妈好想有自己的时间

陪着老三和妹妹上床，妹妹半睡半醒地问我："妈妈，你会陪我睡觉吗？"

"会啊！"我回答。

她听了就对老三说："你抓那只手，我抓这只手，这样妈妈就不会跑掉了。"

我没反应过来，心中算计着，搞定他们后，时间还早，可以看几集美剧，同时嘴里念叨："快睡觉吧，妹妹，答应我，明早不赖床啊！"我只说我想说的，根本没管他们在讲什么。

两个孩子不但一人抓我一只手，还坚持头要枕在我的身上。我把他们的头移开，喊着："这样妈妈很不舒服啊！"

老三貌似委屈，率先发难："妈妈把我推开了，妈妈把我推开了！"

这次像是兄妹连心的戏码，妹妹加柴添火地说："妈妈每次都不让我们抱着睡。"

听着妹妹的话，老三还真的掉下眼泪来，假哭变真哭了。

天啊！这是怎么了？我忍不住要辩解："哪有？常常抱着睡啊！哎，有这么严重吗？你们两个的头在妈妈肚子上压着，不舒服嘛！"

两兄妹不依不饶，继续闹，我深恐惊动隔壁的两个哥哥，忍不住呵斥他们："够了！睡觉就睡觉，不要这样乱哭。一人一只手，安静睡觉。"

他俩挂着眼泪稍稍安静下来。

没多久，老三睡着了，妹妹还在滚来滚去。我努力继续装睡，妹妹突然爬起来坐着。

"怎么了？"我问。

"妈妈，你常常偷偷跑掉。"

说真的，听到这句话，脑袋有被雷打到的感觉。也许是因为我这两天才在想"偷偷"这个问题：小女儿前几天偷开冰箱，发现我偷买了草莓养乐多却没说；也许是出于对小女儿的赞叹，因为我刚刚才在心里计划要如何脱逃……

被她一语道破，着实让我非常惊讶。

## ✳ 大人的偷偷摸摸

当爸妈的都会遇到"偷偷"的问题，可能是自己蹑手蹑脚地爬起来喝奶茶、吃鸡排，可能是小孩直接从柜子里拿饼干、径自从冰箱里拿饮料，甚或是把妈妈包包里的糖果翻出来。再严重点，可能是去朋友家，孩子把别人的玩具给"顺手"带了回来……

通常，遇到"偷"这个字时（尤其是大人忽略自己的行为，却注意到小孩的"偷"），如果父母的脑袋没有一定程度的理性、清明，就会触动潜意识里那根紧绷的神经，产生许多忧虑。

毕竟，每个人在孩提时代都跟自己的"偷偷倾向"斗争过——那种很想要某个不属于自己的物品，渴望拥有却又得不到的心情；知道某些行为会造成一定程度的伤害，却宁可冒险的冲动；赌着不要被发现，也想要去做的念头……甚至到了成年，你我不妨自问：有多少行为还在重复同样的欺瞒与"偷偷"？

## ＊别再对自己那么严苛了

我们都是平凡的家庭和平凡的父母，懂得制订规则来教育孩子。但如果规则有碍正直行事，甚至造成偷窃或撒谎的行为，我们就会来来回回地拿捏、讨论与修改规则，或是严正重申哪里是不可僭越的最后一道防线。

我们可以对孩子有这样的弹性，是因为我们可以轻易指认出他们只是孩子，他们的行为是想取得大人的注意，也是逐渐适应社会规则。

其实，平凡的父母心中也有这样一个仍在成长，也许带点自我中心的小孩。我们有时幻想这个世界可以任由自己支配或索取，而这潜意识的幻想时不时会冲出来，特别是当我们有许多渴望，或者是自己都疲惫到痛恨自我约束时。即便知道现实情况无法满足我们，或不容许我们那么做，也要偷偷来。一面是高标准而严格的"警察"，一面则被"小偷"的阴影占据，我们已经习惯用分裂来面对自我，并且常常在心里上演这出自我批判的法庭戏。

有没有机会，通过感化，让我们与自己心中的"小偷"对话？也许整合了自我之后，我们更能轻松地带领孩子去适应社会规则。

## ＊界线是可以弹性调整的

我想要偷偷爬起来看美剧，这个"偷偷"被小女儿逮到，算是不折不扣地被"抓包"了。

我抱抱妹妹，说："对啊！妈妈有时候好累，好想有自己的时间可以安静地看电视……你知道什么是自己的时间吗？"

她摇摇头："不知道，是不是你一个人，我们都要睡着？"

我一时也说不清楚："差不多。就像……你想自己喝一罐养乐多，不想跟哥哥们分享，是为什么？"

她好像有点懂了："这样我就会喝得比较少。"

"对对对，和你们在一起的时候，妈妈就只会注意你们，不能做自己想做的事。等你们睡着了，我就可以有'自己的'时间，跟你有自己的一瓶养乐多一样了。"

这下她真的懂了，沉默了三分钟，说："妈妈，你不用陪我睡，我自己睡就好了。"

感谢老天啊！这是怎么样的乖女儿？

"真的吗？真的可以？太谢谢你了！"

如果女儿是我心中这个"法庭"的法官，我真心感谢，她让我体会到什么叫作"当庭释放"了！她的慷慨帮助令我内在那个"小偷"小孩，可以光明正大地说出自己的需要。

我会记住这个时刻，提醒自己和孩子们谈谈。我们心中都有一条不容跨越的线，很多时候只是被自己的焦虑提高了那条线，或硬是加上踩线的电击，反而因此无法诚实。

也许，陪孩子们面对内在的一些需要，适时调整一些已经不适用的规则，也谈谈这条线的意义，才能真正让彼此更诚实、轻松，也更自由吧！

# 你为什么不看我？

"呸！"早上老三和哥哥吵架，不开心地吐了口水。这已经是这星期第三次了。

"你怎么会做这个动作？"我问。

他不看我，也不回答。

妹妹在一旁说："因为×××都这样。"

×××是老三和妹妹的同学，他们回家后会告诉我×××今天在学校又做了什么。孩子们有时觉得他很搞笑，尤其是老三，会说："×××是我的好朋友。"他带去学校的饼干糖果也都会和×××分享。

孩子们能将家规倒背如流："不可以伤害自己，不可以伤害别人，不可以破坏东西，不可以浪费食物。"关于×××的事，每次的结论都一样，"我很开心能和×××做朋友，但我不能跟他一起做……（伤害别人之类的事）"

但这次，老三却吐了口水。

我停下手边的事情，问他："为什么这么做？"他没回应。

"你在生什么气？"他也不言语。

"你吐了口水，对吗？"他还是没开口。

不管我怎么问，他就是不看我也不回话。

● ● ● ●

急匆匆的时间之流啊！

我打了一下老三的屁股，要他回答。他还是不说，把头转向别的地方。

直白地告诉他，这样不对，说出口的话却像在空中飘过了一样。

一阵着急、气恼的感觉涌上来，而我的心，这时就像"多任务处理机"——分了一点注意力来看自己的焦急和气恼，再花一点注意力分析，自己一定要他回答的想法好像不太合理。同时，一边担心这孩子掉到防卫机制里当缩头乌龟，一边又揣摩他心里在想什么。还想着：接下来该怎么办？一定要处理吗？还是直接上班去？当然，为了稳住自己，也分了一点注意力去调整自己的呼吸。

## ✳ 装作不理人，其实是因为太害怕

定睛看着老三，我想到咨询室里一个个低头看鞋子，或是闭着眼睛假装在睡觉的孩子——即使他们就在我面前，都仍努力闪躲我的视线。在大量的沉默和漠视充塞于咨询室时，我又是如何保持不愠不恼的？

假如他们可以自己面对，就不需要逃跑了吧！

在他们内心深处，有说不清楚的害怕，只是因为困在说不清与不被理解之中，才会逃走或是烦躁，偶尔还会硬撑出一种"我知道你想干吗"的骄傲。

而老三在这年纪，还没锻炼出太多花哨的自我防护，遇到麻烦时的反应也离本能较近，会像把头埋进土里的鸵鸟，认为"看不见就好"。

## ✳ 用爱，让孩子卸下心防

短短几分钟的僵持，老三始终坐在那里不看我。

"这只是一只鸵鸟。"我的脑海里闪过这么一句，不禁感到有点不忍。我叹了口气，决定给彼此留些空间，叫他去刷牙、漱口，等等再说。

漱完口，喝了牛奶——这次他倒是不再拖拖拉拉，喝得很快，所以得到一张贴纸。这算是妈妈的心机吧！不拿枪对着他，而是给他鲜嫩的青草，"鸵鸟"又何须再躲。这个娃儿立刻直直地站在我面前。

给完贴纸，也抱抱他，然后捧着他的脸（其实是怕他又不看我），说："你是个好孩子，可是，你知道吐口水会让别人难过、不舒服吗？"

这次他眼眶红了，撇着嘴，点头回答："知道。"

我再给他一个抱抱，说："我们做对的事，不要做不对的事，好吗？"

他哇哇地哭着说："因为哥哥都……所以我才……"

我帮他擦掉眼泪，说："好，我们不吐口水，就说不跟他玩就好。"（其实这样好弱，但也没想到其他表达生气的做法。）

这次的事件，终于落幕。


## ＊深呼吸，给彼此留点觉察的空间

我想，当时最激起我气恼的不是孩子吐口水的行为，或是模仿同学如何如何。最让我明显感到胸口一阵窒息的是，他不

回应我、不看我、忽视我。

他怎么可以不管我说了什么，他都面无表情，一点反应都没有？

按照过去无从觉察的习性，我大概会僵在那里，直到孩子面对我，或对我生气；或是气恼地处罚他，直到晚上再回来修复。

这次，我努力提醒自己给彼此留点空间。由于憋住了惯性的处理模式，我才能看见自己的气恼是来自"被忽视"的感觉，也更能体会孩子别开脸的本质，不是为了特意要伤害我，而只是想保护自己。

能这么想之后，这个"憋住"也算有其价值了。或许下次孩子再度忽视、逃跑，我可以快些撂开手，看见关系中本质的焦虑。

当然，最理想的情况是能在当下的经验中，安顿彼此，但如果孩子还是无法被安抚，继续不看我、忽视我，或是在我急着上班的情况下未能处理好，怎么办？

也罢。只要我能在心中理解那属于孩子的害怕与防卫，相信彼此可以撑到晚上再进行修复，即便失去修复的时效又何妨？亲子间若带着这样的心态，何愁没有可以这样"相互锻炼"的下一次？

妈妈，歇一歇

就爱你本来的样子吧，
稳定地爱你，而且充满好奇，如同你初生之时。
我提醒自己，这么对你……也善待我自己。

# 又被顶嘴惹毛了！

在我们家，有一条礼教规范的线我始终无法跨越，也无法在孩子顶嘴争辩时视而不见。

我知道老师未必是孔子再世，爷爷、奶奶说的也不一定就全对，然而，他们就跟妈妈一样，或许身教不够完美，但都渴望尽一己之力培育后代，而那些付出都是扎实的存在。

### ✳之一："不关你的事！"

晚餐时，孩子们笑谈学校的事，爷爷好奇地问了一句，老二竟回嘴："不关你的事！"

"不可以这样对爷爷讲话。"我制止老二，他安静下来，没说什么。

没多久，奶奶要孩子们喝汤，随口说了句："不喝，我就不再煮汤了啊！”

老二又回：“好啊！不稀罕，不煮就不煮。”

我气得放下碗筷，转过老二的椅子，让他看着我。

“你知道你在顶嘴吗？你知道你正在伤爷爷、奶奶的心吗？”

老人家疼孙子，想打圆场，直说：“吃饭就好，没关系。”

我只能先回应：“他这样不对。你们对他这么好，他不可以这样。”

吃完饭上楼，老二继续说：“老师也这样对同学讲，同学之间也会这样讲，为什么我不可以对爷爷说？”

这个“高级顶嘴模式”显示出他很有资格参加辩论队，也告诉我心脏要练得更强大些。

“你问得好。你们三个也一起听着。别人怎么说、怎么做，你们就可以照做吗？自己就不能想想，那样说会不会伤害到别人、让别人难过？”

“我知道啊，我不对，可是老师也是这样……”老二继续争辩。

“就算是老师说过的话，他是对着长辈这样讲吗？他说‘不关你的事’的时候，你知不知道他为什么这样讲？”

“他不是对我说，是对同学说，叫他不要讲话。”老二说。

"你可能觉得不公平，为什么可以跟同学或朋友那样说，不能这样跟长辈说。但你们要记得，不对长辈顶嘴，是你们能做到的尊敬他们的方式，是感谢爷爷、奶奶照顾我们长大的一种方式，就像说'请''谢谢''对不起'一样，就是这些规则让我们能和别人好好相处，知道吗？"

"好啦！我知道了，我刚才只是不想喝汤……"

就算孩子们还不能理解这些道理也没关系，先一次次嵌进他们的脑袋瓜里吧！

也许谈礼教是沉重的，但我想，自己试图扭转而不轻易放过，是出于对孩子善良本性的呼唤，除了教孩子独立思考之外，也希望他们能体会老师、长辈对自己的付出，并懂得表示尊重和感谢。

为了这份呼唤，我宁可展现妈妈的老派。

是非判断是一种能力，这种能力可以通过学习与辩证，逐渐形成清明的视角。但真正的尊重和感谢，或许只能靠孩子在"礼貌与冲撞"的经验中学会吧？

也必须感谢老二的时常冲撞，让妈妈厘清教养价值观啊！

● ● ● ●

几天后，晚餐时，老二问："为什么今天没有汤？"

奶奶说："你们不是不喝吗？"

老二嘀咕："我又不是真的这么想。"

耳背的奶奶听不清楚，问他："啊？什么？啊？"

老二这次老实了："没有，我没有不想喝。"

奶奶摸摸他的头，说："想喝，奶奶明天再煮给你喝。"

真是老人家的智慧啊！

奶奶加码的"自然后果"承担体验，使孩子获得的不仅是知识，还有经验的重组。这效果就像我们总在开车上路以后，才确定自己会开车，接着就会内化成想忘也忘不掉的能力。


## ❋ 之二："不行吗？"

又被老二惹毛了。一整晚，不论爸爸、妈妈或爷爷、奶奶，总被他话尾一句"不行吗"搞得又心烦又恼火。

"我想先画画，不行吗？"

"我等一下再吃饭，不行吗？"

"书包放这里，不行吗？"

"现在玩玩具，不行吗？"

他斜眼对我讲这三个字，就像按下挑衅的按钮。集满五次，我的怒气也集满一缸了！

"你这是什么态度？为什么要一直说'不行吗'？想问问题就好好问，惹妈妈生气你很高兴吗？看着人好好讲话不行吗？为什么教那么多遍，你还是这种态度……"我连珠炮似的吼了老二，心里飘过的是：等一会儿大概又要追悔自己失控的 EQ 了吧……

老二吓到了，抬头看着我，说："没有……只是习惯这样说而已……"

习惯？！

我前一秒还怒气冲冲，下一秒火气却消失无踪，一下子不知该怎么反应，脑袋轰然一片空白。也罢。我总忘记这孩子不知道自己在说什么、做什么，麻烦的是，我却仍自以为是地"听"。

"儿子啊，你想表达想法是好事，但常常这样对别人说话不是好习惯，我会以为你在生气或想找我吵架。如果你是要问我意见，可以加一句：'这样好吗？'"

老二先跟着我练习说了一会儿。没多久，不忘补上一句："可是你刚才也说，'看着人好好讲话不行吗？'"

也是……只是……唉！若把孩子当成魔鬼，我会觉得备受折磨；若当他是面照妖镜，或许就能感谢他前来修正我的行为和心性。

那风生水起的怒气啊，我看见了，但也消融了，还得收下当怒气灰飞烟灭后，余烬里的淡淡无奈。

不争了，我本是一介凡人啊。凡心，烦心……这一回合，我苦笑，但也笑纳了。

· · · ·

跟老二生气，就像跟他爸生气一样，总有拎着自己的头去撞墙的感觉。做爸爸的看着我们母子争战，笑着说老二的回答有点像他——对他们而言，心口之间，可以断得利落，毫无瓜葛。

不过，过去他还会辩称自己真的没那个意思，只是嘴巴贱，习惯那样讲话而已。现在，问起时不时也会接到老二无心之"箭"的他："感觉如何？"

"哪有什么感觉？气都气死了！"这下爸爸可笑不出来了。

## ✳ 之三："那我就不回家！"

一早，冲突再起。

老大和老二无视我的劝阻，在家里踢球，把牛奶给撞翻了。我除了要他俩收拾干净外，也处罚他们今天不能玩玩具。

实诚的老大问："那在学校可以玩吗？"

我只回："在学校就听老师的，在家才不能玩。"

硬脾气的老二嘟着嘴念叨："那我就留在学校，不回家。"

唉！孩子啊，你这是何苦？

"你真的会因为不能玩玩具，就不回家吗？"我语气缓和地问，同时心想：磨到没脾气就是这么一回事吧！

"不会。"他摇头。

"那你为什么要这么说？"

"不知道……"

"老二啊，有些话，妈妈知道你没有这样想，可是别人不会像妈妈一样知道呀！"

听我这么说，老二哭了。

老大挡在弟弟前面，展现护航姿态，说："妈妈，你不要再讲了！"

我欣赏老大的大哥个性，但仍越过他的头顶，看向老二，问他："你刚才到底怎么了？"

"我只是不开心……"

"很好，那就说'我不开心'。你说说看。"我教他。

"我不开心。"老二展现硬脾气，正眼看着我，把整句话说了一遍。我眼底浮上了笑意。真是好样儿的，老二！

旁边的老三也来搅和："我就会哭。"

"你不会觉得你太爱哭了吗？"妹妹问。

老三叉腰，说："哼，有什么关系！"

妹妹回："你哭什么？别人不像妈妈会知道啊！"

这个小妹妹，真是无法想象的强大啊！

# 叛逆，原来是你的独立宣言

"叛逆"的表现不断进阶：从沉默到顶嘴，从白眼转身到当面甩门……以这样的发展速度，真不知道接下来还会变得如何。

而在与叛逆相对的另一端，"控制"的表现也是如此：从要求到念叨，从威胁、强迫到限制、处罚……这样单打对决式的循环，我也不清楚接下来自己又该如何逃脱。

碰上老二这个和我一样固执的孩子，我们总能把"控制"和"叛逆"的戏码不断升级到极致，接着再按下让彼此爆炸的按钮。

● ● ● ●

这天，下班回家，我要求他们只能写功课，不许他们把环境弄乱。我的态度明显的不耐烦，叫他们做什么事的开场白都是："我说不可以。快点，快点！"

　　我对老二下指令："换你去洗澡。"他充耳不闻，继续玩机器人。

　　我走到他面前，说："现在，去洗澡。"

　　"不要！我不要洗他们剩下的水。"老二回。

　　"那你就把水倒掉，再放一桶啊！去——洗——澡——"我的指令丝毫不容孩子挑战和拒绝。

　　"哼！不要。为什么要叫我弄？你叫他们把水倒掉啊！叫他们放水啊！"

　　我拉高了声音分贝："这有什么好吵的？莫名其妙！现在轮到你洗，就要叫你弄！去、洗、澡！你不洗，就去那里罚站！"

　　他去罚站了，但只站了一下就佯装没事似的要离开。

　　"你还在罚站。还是你现在要去洗澡？"我问。

　　他听而不闻，转身想走但被我拉住了，他竟翻了一个大白眼后转过头，嘴里嘟囔着："我又没怎样，你不要理我就好啦！"

　　我又拉住他，将他转过身，问："你真的希望我不理你吗？"

　　这孩子还真是倔，看着我点了点头，转身离开。

## ✳ 顶嘴、甩门……你怎么可以这样对我？

他从拒绝到顶嘴，我从要求到指责，然后他对我的指责翻白眼，我再对他的白眼暴怒加上处罚，他对我的处罚不满再当面甩门，我……我……我……站在门口，手捏毛巾，头嗡嗡作响地痛，努力阻止自己失控，停下想追上前的冲动。

"天啊！"我用力挪动自己，离开门口坐到沙发上，闭上眼睛，大口呼吸，心想，"他怎么可以这么做？怎么可以这样对我？"

却马上又觉得自己的提问荒谬。他是个小孩，我还能期待什么？

该问的问题是：我怎么总是在同一处跌倒？

不甘心、不平衡的感觉，继续蔓延。

"不管不管！他凭什么这样对我？"

我自问自答："当然凭他是我的孩子，只有我最在乎他洗不洗澡、好不好、快不快乐啊！"

气恼之余，安静了下来，心里就剩一句："凭他是我的孩子，凭他是我的孩子……"这句话在脑海中绕了一阵子，突然有些停顿，接着油然而生的是羞愧的感受。

我猛然惊觉，自己的控制所仗着的也在于，他是"我的"孩子。

## ＊ 我竟成了不允许孩子有想法的妈妈

我想起诗人纪伯伦在《先知》论孩子的篇章里提到："你的孩子不是你的，他们是生命自身渴慕而诞生的儿女，他们通过你们来到世界上，但不是因你们而来，他们在你身边，却不属于你。"

如果说叛逆的表征是自主分离，控制的形态则恰好是紧紧抓住。这一回，"何时洗澡"成了个体自主的战争导火索。而我们在这场战争中，到底想争些什么？

孩子的表达比较直接，有什么想法，就表达到哪里。说不要，就是全心全力地抵制。身为大人，我是否也只是以爱之名，迂回地控制与彰显权力？

从孩子自妈妈的身体分娩出来，剪断脐带的那一刻起，我们就经历了第一次分离。娃儿的第一年，我们相互融合，成为彼此眼里独一无二的存在。第二、第三年，慢慢地一次次探索，一次次冲撞，经历数不清的分离后，才开始接受他是能独立思考的另一个完整生命。无论病苦喜悲，可以牵手搭肩，可以提醒交流，可以同甘共苦……但就是无可取代。

这一问，因为我心里因想宣示主权而生的控制，引发了真实生活中，孩子为争取主权而来的革命。若想止住这个你添一桶油、我加一罐醋的循环，或许，我该早点停下来。

他们是"我的"孩子吗？

是，也不是。

我想，叛逆与控制，是相互引发的吧！

我的控制是一种对于生活主权的宣示，想画地为王：你们这几个小孩都在我的领土范围内，就该听我的，该臣服于我。

但是，不这么控制会怎样吗？孩子也要练习画自己的领土，即使画得歪七扭八，我可否容许他们自己拿笔来画？


## ＊把人生的画笔交还给你

老二洗好澡出来，貌似刚才无事发生，妈妈我也冷静许多，离开斗鸡模式，回到唠叨状态，连声要他快去穿衣服。

逃脱了控制与叛逆的循环，洗澡就只是洗澡而已。

我叹口气，问他："明天洗澡如果还是这个问题，该怎么办？"

他一派轻松地笑着回答："那我第一个洗就好啦！"

**小 孩 剧 场**

## 脱轨

衣柜的镜子脱轨了，我问："谁弄的？"

老大："不是我，我怎么可能会这样？"他耸肩外加别过头。

老三："我没有，妈妈，你说我最乖，怎么会是我？"他睁着无辜的大眼。

妹妹："不是我，我答应妈妈不会玩那个的，一定是二哥哥，他最喜欢照镜子了。"是说……他什么时候有这个喜好？

老三："对，一定是这样，他用脚踢这边，就弄坏了。"他竟然演出来。

刚洗完澡走出来的老二说："胡说八道，我在洗澡呢！"没错，这句成语是这样用的。

我再问："你们推来推去，到底是谁弄坏的？"

妹妹灵机一动，"是狗狗，它踢到了"。

老三接话："对啦！你忘了，是奶奶田里种的菜旁边，黑

色和一点点白色的狗狗。"

老大继续加码："对，它从窗户跳进来。"

Oh，my God……连正经的老二都一本正经地点头："对，我看过那只狗。"

最好是的！我们家在四楼呢！

# 数一二三有没有用？

睡前，妹妹不收玩具，跟我僵持不下。旁边的三个哥哥本来在收拾，此时停下动作，看向我们。在他们的小眼睛里，我仿佛读到一种态度，叫"观望"。

"去收！"我说。

妹妹回答："不要。"

"太晚了，该睡觉了，快收。"我坚持。

她摇了摇头。

"你想玩可以明天再玩。再不睡，明天起不来，上学会迟到。去收一收，快，你好乖。"

妹妹完全忽略我的话，没听到就是没听到。还真是我唠叨得越多，她就回应得越少。

太晚了，爸爸也不在，加上背后虎视眈眈的三双小眼睛在看着，这就是传说中的腹背受敌吧！我的求生本能告诉我，没有本钱跟她耗。

"林小妹，去收！我数到三！一——二——"

她站起来，却拿着玩具到另一边的角落，坐下来继续玩。

我气急败坏，这未免太挑战我了！

## ✳ 我要的只是平静

没本钱耗，就先挣点钱吧！

背后三双小眼睛宛如芒刺在背，得先搞定他们，我才有余力处理妹妹。

"你们，收好玩具以后去睡觉。先不要管妹妹，去睡。妈妈等一下再处理她。"

三个哥哥躺到床上后，仍骚动不已。妹妹则依然故我。

押着老三装睡的我，心里是恼怒还是焦虑已经分不清了，只能长长地叹了口气。

"唉！这样下去，今晚何时才能平静？"

对，平静，我要的是"平静"。玩具收不收？孩子是不是在挑衅？原则会不会失守？叛逆是否会蔓延……也许想得太多，反而会变得纠缠不清。我要的其实只是他们乖乖去睡觉，一种"你身体好，我心情好，大家都好"的平静。

目标清楚了，就会有对策。

## *你可以离开一下，不生气了再回来

我站了起来，走到妹妹身边，说："妈妈生气了，玩具放下，你不收就放着。现在，你是要去睡觉，还是要罚站？"

妹妹妥协了，进到房里，边走边哭着说："人家还想玩嘛……"

过了一会儿，她拿着小被子走到房门外，躺在脏脏的地垫上。

有这么委屈吗？！这出"苦儿流浪记"该如何收拾？难道又是另一场僵局？

我只好再纵容一次心里的孩子，刻意大声地跟老三说："怎么办？妹妹生妈妈气，不跟我睡了。妈妈要哭了……"

妹妹听到了，拿起小被子走回房间，"我只是生妈妈气，离开一下而已，又没有不要妈妈"。

孩子，好样的！比妈妈厉害多了，可以觉察自己的情绪，还能说清楚自己是在处理心里的情绪，不是要攻击别人。

这种学着处理情绪的机会可遇不可求，我赶紧说："喔！好，妈妈放心了。去吧！你可以离开一下，不生气了再回来。"

她象征性地到床脚滚了两三圈，就笑眯眯地躺回床上，牵着妈妈的手睡觉了。

## ＊为何"一二三"失效了？

话说回来，我可能真的太常数"一二三"了。

晚上不睡觉的妹妹，果然早上赖床。我心里虽然希望自己别为了这件事生气，改变一下对待她的方式，但不管是温柔劝导还是理性沟通，抑或严正声明，都还是叫不起来，只好用回老方法，数了一二三。

每次只要数字"三"一喊出，就必有处罚。但是这回，妹妹这是赖成精了吗？之前还会在意处罚，害怕妈妈生气，今天怎么也失去效果了？

望着这孩子，没辙，我真的没辙。哥哥们会在意扣贴纸之类的处罚，我可以和他们沟通早起的事。但是为什么这招对妹妹就是不管用？不只在起床这件事上拖延，她吃饭也是最慢的一个：食物会被她用手剥成一小片或一小段才入口；牛奶也要喝很久，喝了一口含在嘴里，就是不吞下去。就连上厕所，不问她好了没，她也可以坐在马桶上发呆……

我曾想过，也许她是个能享受当下的孩子，只是妈妈我"急惊风"惯了，才不能忍受这个超级"慢郎中"。不管如何修行，都赶不上生活紧凑的需求和步调。遇到她，我还真是越来越懊恼了。

也许真的要因材施教吧！这孩子不在意处罚，是因为她没什么需求。不像大哥、二哥，超爱机器人；也不像三哥，喜欢得到妈妈的称赞。柜子上面那一大盒芭比娃娃，一直在等着妹妹集贴纸交换，但那对她似乎没有什么吸引力，玩哥哥们的玩具也玩得挺自在的。

在过去，她想要的礼物是我们带她出去玩，但没多久她就发现不用集贴纸也行。她会在哥哥耳边偷偷说："妈妈还是会带我们出去，只是我们不能选要去哪里，那没关系，还是可以玩。"

那么，称赞呢？她是个有自信的女孩，曾在睡前告诉我："我很乖啊！比哥哥还乖，不玩打架游戏，同学也喜欢我，每次都叫我陪她去上厕所。"

如此的自我肯定，提醒了当妈妈的我：怎么就不能多看一下她的优点？

## ＊看见孩子善良、美好的本质

在妹妹的世界里，她是快乐又幸福的吧！在学校，因为在意团体生活、希望老师喜欢，所以她不会在中午吃饭时拖拖拉拉。至于在家里，因为实在太有安全感了，一点都不担心爸妈发怒。（这是老幺和女儿的特性吗？）

当我问她："你喜欢妈妈生气吗？"

她笑着说："不喜欢，可是妈妈就算生气还是很爱我……"

换句话说，她不曾体会过拖延的坏处，甚至可能还多些好处（比如妈妈会陪她、爸爸会喂她）。简言之，我们因着大人的时间方便，宠出了一个带着拖延习惯、但心理健康的孩子。

心理健康是好事，至于拖延——就像粘在她身上黏糊糊的口香糖，难清理，就慢慢清理吧！

看见这孩子本质上的善良美好，再看她的坏习惯，心里的困扰就减轻了许多。虽然一样喊着没辙，但我不再皱眉懊恼了。总会想到办法的。

至于"一二三"，就不再对她数了。数了也没用。除了会连带损及对哥哥们的有效性，也许还喂养了她的拖延。

毕竟，连隔壁邻居都开玩笑说早上常常会拖着赖着，要听到我数一二三才起床，（到底是我声音太大，还是隔音太差了？）让我觉得又好笑又丢脸，但也真切地提醒了我：会不会妹妹也是在等着我数一二三呢？

以后，我还是省着点用吧！

# 功课没做完，要帮你签名吗？

返校日前一天，老二整理书包，大叫着："啊！啊——"

"怎么了？"我问。

他说："我忘了这张要做了。"

还没看清楚那张大表格，老大就凑过来问："这是什么？"接着一脸茫然，开始翻书包、找抽屉，说："我的不见了。"

我无奈地说："好吧！一个没写，另一个甚至没得写……现在怎么办？"

看着那一大张名为"自主管理"的实践卡，你们懂妈妈心里的感觉有多复杂吗？

老二说："我现在勾，可以吗？"

呃……勾两个月？我想想……

"不行！"老大说。

哟！因为你想诚实面对吗？

老二问他："为什么不行？"

"因为你得先借我复印。"

唉！这一瞬间，我的感觉更复杂了。

## ＊如果不签名，还可以怎么办？

回想自己小时候，也做过这种事：铆起劲来编日记，凭幻想写游记，十几二十篇的书法写到手快抽筋……这种蒙混的做法，虽然让我在这一年安然开学，却没让我在下一年避免再混一次。就这样年复一年，我虽然有小聪明，有应变能力，却也喂养了投机取巧的心，强化了拖延的习性。

现在呢？对于这件"有点复杂的小事"，该如何回应？我犹豫了。

我的习性容易让我只注意"结果"，几乎已起身准备要去复印，让孩子们完成了，但这复杂的心情反而提醒我停下来。

我站在门口，问自己：如果不这样，还可以怎么样？

我把两个孩子叫到身边，老实告诉他们："你们想办法补救，想把它赶完，这样也很好。只是，那些都是两个月以前的事了，你们不记得却胡乱勾完，妈妈还签名，这样……好像在骗人。你们会不会有这种感觉？妈妈现在不知道应该怎么办。"

老二点点头，很淡定地说："我想勾一勾，不过……好啦，那就放书包里吧！再问老师看看怎么办。"他突然想到什么，"啊，我知道了！改明年七月写两份！"

呃……这也算是负责任啦，但是时间拖得更长了（老二未来的老板啊，我对不起你们，我尽力了）。

至于那个天兵散仙"理由伯"呢？

"妈妈，我没有更好的办法啦！明天去学校再说。"

这孩子……当农夫好了，大概只剩天公才能当你的老板了。

## *妈妈的诚实大考验

面对孩子，有时候，我们还要想清楚便宜行事的代价是什么。

自主管理卡的作业，在老师"坦白从宽"的处理下，孩子们用几句话写了整体的自主管理心得就算解决了。没想到开学后，又来了一项诚实大考验。

某晚，看孩子们的联络簿，说要交"蔬果存折"（为了鼓励小学生多吃蔬果，要孩子们完成一系列关于蔬果的任务），而他们还剩下七八件任务要完成。

　　这阵子，只见两个孩子相互提醒，该吃的也吃了，为了完成任务，还吞了一碗苦瓜。孩子们自己能完成的任务容易达成，但若要搭上他们的老母……唉！为娘惶恐，是为娘的拖累你们了（抱头痛哭）！

　　其中有两项任务是这样的：

　　任务七，本周和家人一起去买蔬果。
　　任务十九，和家人一起做一道蔬果餐点。

　　我是好命夫人，饭菜都吃婆婆煮的，我平日不上菜市场，也不做菜。这两个任务一直躺在存折里，硬是被我下意识地忽略了。这、这、这……现在几点了？好像太晚了。我明晚也不行。怎么办？！

　　"你们明天就要交了，还是妈妈先签名，你们把日期空下来，跟老师说我们之后会补做，可以吗？"

　　老二一向守规矩，"不可以，那样我不敢交"。

　　老大则张着晶亮的双眼，好像很惊喜地问我："妈妈，我们没做，你要帮我签名吗？"

　　被他这一问，我提起的笔又轻轻放下了，"呃……好像也不太好啊"。

## ✳ 和想耍赖的自己讨价还价

关于诚实，是我思虑欠周了。

说实话，我这个妈妈，心里也有一个内在小孩，而且骨子里也有懒散的一面（为娘的对传给老大身上的基因功不可没），遇到学校的要求，心里常常有点不甘不愿。有时会嘀咕学校怎么常出些作业给老母亲做，一会儿要孩子背课文、讲成语故事给我听，一会儿要求跟孩子读英文故事，还有种绿豆并拍照上传、亲子共读，现在更要抓着自己上超市和做菜……

虽然清楚知道这些事情都有亲子联结的重要意义，而我也是通过这些活动才能参与孩子的学习，但是某些时刻，我的心没跟上。在心里住着的不是一个母亲，而是另一个嘟着嘴、也想休息的孩子，累了、烦了，就图谋着如何混过去。

## ✳ 在孩子眼中，我看到什么样的自己？

唉！当孩子看着你的时候，你在他眼中看到什么样的自己？

这一分钟，在老大晶亮的眼神中停一停，搞清楚在他的眼里，我可不是个小孩，而是他那又爱、又怕、又尊敬的老母

亲。这个老母亲，可以做错事，可以不完美，但如果我要他诚实正直，即便跑回去当个孩子，也要发挥一部分的老母亲魂，诚实正直地看看自己，觉知自己正在耍赖。

我对他们说："好啦！是妈妈太忙、太累了。你们做得很好，就先空着吧，不要签名。明天跟老师讲，我会带你们去超市、做水果沙拉。好好地跟老师说，可以做到吗？他会生气吗？"

"可以啊！老师不会生气啦！"他们倒是很坦然，不怕老师。心虚的是我的内在小孩，总是胆小、怯懦又不情不愿。

我也想要当个心口如一、言行一致的妈妈，只是有时候稍不注意，内在小孩就会赖皮，后面就只得花费更大的力气盯着自己，让自己口中所说的和实际做出来的，不偏离"妈妈航道"太远。

如果盯不住自己，就回过头去看看孩子的双眼吧，那晶亮澄澈的照见啊！我想看见什么样的自己？

# 哪个只是想要？哪个又是需要？

　　全家人到家具卖场吃早餐，老二看着布偶马吵着想买，嚷嚷了一会儿。我不断对他重复说明，那不是必需品，家里的玩具如何如何……

　　但这些解释，进不到正在渴望状态中的孩子耳朵里去，我只能给他一句："你心里知道那是不行的。"

　　老二依然纠缠，也回我一句："我不知道！为什么不行？为什么不行？我不知道啊……"

　　接着上演的是哭闹、拒绝与对峙。

## ＊什么时候直接给？什么时候等一等？

　　"妈妈，我肚子饿，想吃蛋糕。"

　　"我口渴，想买果汁。"

"礼拜六可不可以去新儿童乐园？"

"妈妈，我想跟你下象棋。"

"妈妈，我想最后一个洗澡！"

"同学他们都有游戏王卡，我也想要。"

……

每天从学校接回孩子到晚上睡觉前，都在有意识或无意识地回答孩子们的这些问题。响应他们的"需要"而非"想要"是个准则。有些需要是直接的生理满足，较易辨识。难的是，有些生理的需要其实还隐藏了"想要"；而有些想要的背后，则隐藏了心理联结的"需要"……（好长的绕口令啊！）

如果响应了内在的需要，其实不用满足他们外在的想要，也可以"pass"（但那就挺考验我的脑袋了）。

那么，OK 与不 OK 的标准在哪里？直接给予和延宕满足的选择标准为何？

## ✳ 成为孩子与渴望之间，那道重要的墙

不是有种快问快答的益智节目吗？如果把爸妈跟孩子们的对话快进来看，其实每天都是一场场的大脑体操。孩子们会在父母的响应中，修炼自己的物欲、价值观与把握人际界线，父

母只要尽量带着觉知炼下去就是了。

而当快问快答或是说理无效，亲子之间进入重复解释与瞎闹的循环时，眼前就不是物品价值、金钱观或是比大小的问题了。孩子的哭闹是他心里骚动奔腾的渴望表现，我的拒绝，则是这个世界最僵直绵延的一堵墙。

这次在卖场中的对峙，也是成长必然经历的吧！

在卖场晃来晃去的这四个孩子，他们的衣服、书籍、玩具大多来自各界供应，但也堪称不虞匮乏，恩典满载。

不能没有这道"墙"，我想。分辨一下需要与想要，父母就是要引领孩子面对这个世界。

适时站稳，成为这道墙吧！"得不到"的匮乏的确会带来焦虑，但是，生命的本能会引领好奇与创造力来处理这份焦虑，我深深如此相信着。


## ＊坚定的墙，也有柔软角落

这一刻，真希望卖场除了哺乳室之外，也能设置一间温馨布置着的孩童哭闹室，由着孩子骚动奔腾。等他们停下歇息，然后发现这堵墙还在，还在不尽地僵直绵延，甚至有块柔软的地方可以供他们依靠。

没有哭闹室，至少有个角落。我们不再对峙，倚墙望向卖场。

我对老二说："妈妈也觉得那张桌子很漂亮，可是我们家有桌子可以用了。我还想买那个锅，可是我其实煮不了几次……"

吵闹无效后，老二转头面壁，嘟着嘴臭着脸，说："我只是想要它陪我睡觉嘛……"

我的确不能用他编排的方式来爱他，但他所说的，也的确是一种重要的亲密感需求。

"来，抱啦！妈妈知道，真的知道，你想要人陪。来嘛！我们抱久一点。"我抱了抱他。

这回换他笑着想挣脱我的熊掌。挣脱了之后，就自己找台阶下，说："我也知道不能买，只是说说而已。"

这就一定要公开表扬了！

"嘿，你们看！老二好乖，他知道要体谅爸妈赚钱辛苦，不是一定需要的东西，就不会吵着要买。"

## ＊有了创意，就能创造幸福

什么是需要，什么是想要？什么是足够需要，什么是足够想要？

面对这群小孩，如果行为引导有属于我的 SOP（标准操作程序），大概就是：

清楚守住界线→容许孩子表达情绪→听懂孩子的吵闹背后，是想被肯定，还是联结的需求→必须给而且给得起，就尽量满足→赞赏式地见"好"就收。

老二的亲密需求被满足了，注意力就自动转向了创造力。

"妈妈，我如果有钱，想要买很多很多的砖头。"

"砖头？为什么？"我诧异于这天外飞来的念头。

"自己盖砖头房子比较贵，还是买砖头房子比较贵？以后我想要当建筑师，自己盖房子。"

"哇！好啊，我想要住你盖的房子。"我说。

不是有段幸福的广告词是这样的吗：

"妈妈若能买房子是幸福，若能住你盖的房子，那是奢华无比的幸福了。"

**小 孩 剧 场**

### 妹妹想要的……

"妈妈，什么时候可以养狗狗？"

唉，又来了，因为妹妹这种侧头无辜的小狗眼神，妈妈已经做了多少后悔的承诺了？我很弱，我默默不语。

"妈妈，你听到了吗？什么时候可以养狗狗？"她继续追问。

"你知道爸爸鼻子过敏吧？他怕任何会掉毛的生物。而且狗狗需要被照顾、被陪伴，你要上学，妈妈要上班。还有狗狗会大便，你又不……"要让她知难而退，我早想好了一百个理由。

她嘟嘴了，但还是继续以无辜小狗眼神的攻势："知道。妈妈，我什么时候可以养狗？"

怎么苦苦纠缠啊？"高中吧！等你读高中，那时候想清楚了，确定可以负责照顾再决定。"妈妈被套牢，使出拖延战术。

妹妹笑了，"好，那是什么时候？几年级？几岁？"

"高二吧！大概十七岁。"没有为什么，只因脑中闪过《十七岁女生的温柔》这首歌。

妹妹满意了，去向哥哥们宣布："哈哈！妈妈说我十七岁时就可以养狗。"

这样也行？可我说的是到时候再说啊！怎会如此开心欢呼？

好吧！会不会孩子只是要我许可，没太在意时间？或者，她本来就是问我"何时"，是我陷入她要立即满足的焦虑？

还是，她根本搞不清楚到十七岁还要多久？

早知如此，该说七十岁的⋯⋯

# 万能的天神，请赐予我神奇的力量

早上才怒斥孩子们"玩"早餐，没多久老三就跑来告状："妹妹打翻牛奶了，很大杯啊！"

可以想象那画面，但因为还没走入实景，我先用还没消失的理智来处理老三告的状。

"我听到了，以后这种情况，妹妹应该会需要你先帮忙收拾。"我说。

一走出房间，就看到地上、桌上一大摊的牛奶，加上妹妹从厨房拿了抹布，地上又是脚印，又是沿路滴的牛奶，还有愈擦愈脏的混乱。这下可以观察到的是，自己的理智正一点一点地消融，我的心……只剩怒火了。"她不是故意的，她不是故意的，她不是故意的……"在心里反复念了有十遍吧！但是这只能让我憋住想骂出口的话，却无法安抚占据我心的烦躁。

我先把妹妹抱去厕所洗脚，拿干抹布给她擦地，再帮她洗抹布，最后再擦一遍。总之，用最快的速度带着她善后。

虽然乌云罩顶，愤怒程度爆表，但一句话也没说，只怕一开口就会忍不住飙骂。

边洗抹布，边觉察自己如何烦躁，以及懊恼自己无法不烦躁。深刻感觉到自己敌不过这样的心情，总是一次次地被烦躁挟持。

老是为了一地凌乱而吼小孩，孩子们边收边玩，我则是边骂边收。只不过有时吼得理直气壮点，少语无伦次一些。

但是，当我的"控制习性"遇到孩子的"爱玩天性"，再夹杂点"时间紧迫性"当催化剂，就成了一天天的烦躁日常，我也一次次地重复着。

"妈妈，我怕你生气。"老大曾小声地说。听到这话，我的心情从烦躁变得复杂了。还是孩子的情绪表达直接一些，生气会跺脚，难过会哭泣，害怕就想躲。老大能觉察后直白地说出来，算是情绪资质很高的孩子，也总是能提醒我回望自己。

"你知道我也很怕自己生气吗？可是我受不了你们这样乱七八糟的不收拾，就会变成这样……"当时，我如此懊恼地回答。

## ＊有时混乱，有时平静，这是美好的真实

我不完美，带着控制的习性，还在琢磨如何放松一些。只是，我的控制比较隐晦，而且经过各种心理教养的技巧包装，常常得靠四个孩子的天性，才能清晰地看清自己，一次次接受这个有着控制习性的自己，一次次学着接纳与放松。

然后呢？我就能从此不控制或不跳脚吗？

不能。还是会想控制，大概也仍会跳脚，只是会比较有知觉，有选择，有弹性。

孩子因为各种天性而与世界磨合的过程，也是如此吧！

换个角度想：提醒自己改变，或许就是挫折和失误带来的最大价值。

成长过程让我们学会转弯，转到后来，反而在情绪中迷失，找不到出路了。我不是个容易摆脱情绪的妈妈，骨子里更是带着强大而迂回的执着。每天，我都在修炼自己的心性，希望自己可以更加宽容、轻松些，放过自己，也放过周遭的人。我也在一次次地跌倒、迷失时，慌乱地挣扎爬起乱走；当再次摔倒时，只能无助地看着。

不过，在记录自己内心戏的过程中，我一步步学会宽容地看待自己，也拉住自己停下来，看清楚孩子的各种表现、发展历程，以及这二者交织出来的成长的本质。在这些清楚的觉知中教养孩子，看见自己的心性，同时向孩子学习。

世界上没有一个零失误的妈妈，打击或放大失误，反而会挤压改变的空间。陪伴、看清并面对这部分的自己，先护住自己爱孩子的心脉吧！

为孩子的温柔提醒感到幸运，但孩子也并非总是温柔；为自己能够包容孩子成长时的混乱感到开心，但我也不是每次都能很好地包容。

这就是真实。


## *越单纯，越强大

妹妹拿着另一条要洗的抹布走过来，说："等我回来再擦一遍，还会整理书柜，好不好？"

我愣住了，点头说："好，你很负责。妈妈不生你气了，我只是每次看到乱七八糟就很烦。"

妹妹说："乱七八糟？收就好啦！"

也是。多强大的孩子啊！

或许这也正是我的弱点：容易被心绪所困。也许孩子本来就比较容易有这样的"直观"，如同童话故事《国王的新装》里头，那个直接说出国王没穿衣服的小孩，只要让他们知道良

善的价值，在真实面前，他们反而可以自然、直接地面对。

尝试在玩的时候开心玩，觉得乱的时候安心收拾，我们不耗能量在担心未来或懊恼已经存在的混乱上。像孩子一样单纯地处理自己的生活，只要练习负起自己的责任就好。

如果从这些孩子身上可以学会什么，或许这样的直观与面对真实，正是解决烦躁的最好办法。

## 妈妈，歇一歇

停下竟念纷乱的脑袋，给自己五分钟，闭上眼睛，把自己交托给所坐的椅子，告诉自己：过去的已经过去，未来的还没到，现在好好呼吸，好好坐着，就好。

# 这孩子，突然长大了？

老二从小就是传说中的过敏体质，不只身体、鼻子容易过敏，心理也是。

有时，我们对他的完美主义觉得不耐烦。有时，对于他在我们察觉不到的细节上执着感到难以理解。而他面对某些不如意时的愤怒与焦躁，更是令我们无法招架。

有一段时间，我对他的敏感也很敏感，而他的执着和强烈的情绪反应，也总能勾动我的恼怒，然后我们一起旋转，直到大爆炸。

我和他一起走过好几年磨心的路——直到这一刻，我突然有些感动。

这孩子，似乎逐渐成熟，也有些不同了。

● ● ● ●

晚上加班，回到家已经十点多了，照例去看看孩子们。

老二拿着一张两百元纸钞躺在床上，看到我进房，一骨碌爬起来抱我，挥着钱说："爷爷给我两百元，怎么办？"

看我还愣着，他继续解释："我拿了两张一百跟爷爷换，可是爷爷不要，直接给我两百元，怎么办？"

不就是爷爷给他钱吗？为了这个睡不着？我有这么凶吗？我的心里有点诧异。

拍拍他的背，我竭尽可能温柔地说："好，我知道了。你觉得呢？想怎么办？"

他只是安静地抱了我一会儿，然后说："嗯……这张两百元，我可以留着吗？"

"可以，这是爷爷给你们的钱。只是，钱放你这里，哥哥他们没意见吗？"

他摇头："他们没说什么……啊！我知道怎么办了。"接着就笑眯眯地去睡觉了。

隔天早上，老大起床后大叫："为什么有五十元？为什么？又不是圣诞节！"

原来，一向是全家第一个起床的老二，为另外三个小孩安排了惊喜——人人手上都握着一个五十元硬币。

我看向老二，他也对着我微笑。

"这是怎样一个特别的小孩啊！"我心想。

## \* 暖男有颗敏感的心

暖男都有颗敏感的心吧！高敏感的老二，有好长一段日子总是纠结、易怒，占据我内心戏的版面最多。如今，他的脾气很少爆发，也愈来愈能分享，且懂得体谅别人了。

那段磨心的旅程，到底走过了哪些路？我问自己，有没有办法画下可供参考的地图？

长长的一段路啊！总是要纠缠到够苦，一次次怒到心痛，感觉被孩子和自己高涨的情绪炸成碎片，才在缝补的过程中追悔，而后练习自我修复。

我的内心需要依靠书写、静坐，才能撑出一点空间，观察自己的情绪本质。这样的过程对我来说，已是如此艰难。而年幼的孩子还没有成熟、理性的认知发展，他的内心戏又如此剧烈，在没有相应的消化能力的情况下，要如何走出来？又或者，我要如何让他形成相应的消化能力，好让他带着自己走出来？

## \* 从忍耐到等待，与情绪同行

从婴儿到幼儿，由母乳、辅食到一般食物的喂养顺序，是因为我们知道孩子的消化系统还在发育。如今，要陪伴孩子逐渐生成情绪的消化机制，又该如何喂养？

"忍耐→拥抱→引导→赏识→等待"，回顾自己在这孩子身上所做的，大概就是这样的历程来来回回磨刻着彼此处理。

### 一、忍耐

妈妈都这样吧？主要价值明确之后，就像在头上绑了条决心布条，再难熬也只是把布条绑得更紧。虽然忍字心上一把刀，心疼，头也疼……

### 二、拥抱

身体是安抚情绪的最好通道。累了、闷了、烦了，只会让黑白是非更加说不清楚，不如就停下说理，停下思考，给彼此一个紧紧的拥抱。既是和解，也能安抚彼此的疼。

### 三、引导

成长的路径之一，就是从"内心想象"走向"外界现实"。大脑功能的发展过程，则是从单纯地"战逃"走向复杂的情绪和语言思考。

在成长过程中，自我中心和外界之间必然会产生数不清的落差。而当孩子内在紊乱时，起初势必会说不清楚，只能通过行为上的攻击或逃跑来表现情绪（这就是所谓的"战逃"），接着才发展到可以听懂与辨识外界的讯息，运用口语来表达感

受需求，并进一步和他人讨论、协商——这样的路径就是内心戏的消化关键。

没有别的发展技巧，只是手把手，在一次次地和解时，带他练习把内心戏说出来，这将会成为孩子独一无二的人生攻略。

**四、赏识**

孩子面对困难时，我们会一步步地放手，让他自己试着处理。情绪也是。引导他几次后，若再次遇到僵局，有时只要提醒他："我们总是会遇到不开心的时候，你可以不开心，但要想想怎么帮自己走过去，怎么让自己可以开心起来。我相信你可以的，我等你。"安心地看着他，等他。

也许，他会用他的什么特别仪式，也可能花比较长的时间，没关系，见好就带着他收。收进他的心里，记录他的成功，也"欣赏"他独特的努力。

**五、等待**

留点空间，让孩子冒险和经历失败吧！

当孩子在我们的引导下练出了基本能力，也到了放手的时候了，后续就让他自己发展，"掂掂等他吃三碗公"（"掂掂吃三碗公"为闽南语，意为"深藏不露"）。重点是"掂掂"，因为他有很多内心戏要收拾。

在孩子有能力时，我的任何响应与操作都会变成不信任，人生终究是他的旅程，我们都希望他能不用扶、不用推，不在我的视线底下，也走得又稳又好。

在这五个过程中的每一段，都可以写一本玉女……不，是《玉母心经》。

当然，真实版本里还是有间歇性的吼骂，一次次数不清的自我提醒与修复。我们貌似彼此执拗较劲，但最终会发现，与其费力跟孩子面对面耗着，不如站在他身边，一起练习吐纳运气。

即使心不甘，情不愿，总得运用父母独有的智慧，牵着孩子的手，走过风雨。

## ＊无论如何，孩子是我生的……

我笑问老二："你不一样了啊！现在好会抱抱，对别人也好好。那你以前为什么总爱跟妈妈吵架？"

老二嘟着嘴，说："不知道啊！是妈妈把我生成这样的，妈妈要负责。"

呃……推卸责任对这孩子来说也没那么糟，看来，我忘了他不只倚赖我的引导，周围还有其他的"贵人"。眼前这段

话，就是跟"理由伯"老大学的吧！

但他说得也没错，不止一次，当我气急败坏时，想着"各人造业各人担"这句话，也只能摸摸鼻子说："我生的，我生的，我生的……"

然后呢？再难，也就认了！

# 你让我觉得又好气又好笑

随着小孩长大，父母其实已经不需要一直和孩子的情绪同步，孩子也逐渐能够接受安抚及说理。只是，生活中还是会出现无法安抚，也无法说理时的挫败，这时，才让我停下来整理自己，想一想：我是不是不知不觉地忘了这是个刚离开尿布的娃儿，而不是个讲理的大人？

● ● ● ●

上幼儿园的老三漏写了功课。要他补上，他竟怒砸作业簿，大声说："又没关系！"

看着这个小光头，我一时间有点愣住了。有必要这么夸张吗？最近他跟奶奶看了哪出连续剧？差点就要叫他董事长了……

"嘿！你是怎么了？补上就好了啊！"我说。

但是这孩子不知道怎么了，只见他接着大哭，气呼呼地循

环"跳针"（指重复）："不知道！你说，要写什么？要写什么？没写又没关系！又没关系……"连指带比画，像在骂员工一样，跺脚加上捶桌子地质问我。

我觉得好气又好笑，也还有点摸不着头绪。我说："你这么生气！是怎么了啊？"

他不理会。

要他写，他说不要；叫他不要写，他瞪着我的眼里看得见杀气。想放着晾一晾，他又追来吼我；要抱他，又把我推开……

我感觉到的"好笑"在变少，"好气"变多了，忍不住指着沙发一头，怒斥："够了！这个也不要，那个也不要！那就去坐下，坐着！不要起来！"

我也坐在沙发的另一头，生气地瞪着他。有点像动物纪录片里的驯鹰，妈妈被激怒了，潜意识里想要驯服这个野生的娃儿。

互瞪了一会儿，老三哭喊的内容变了，换了一种诉求："妈妈你不要一张生气的脸，要笑啊！你要露牙齿笑啊！"

这又是什么鬼，是在耍我吗？怎么可以这样闹过之后还要我笑？

而我还真的在又生气又错愕中想着：这要怎么笑？

## * 无理取闹，或许是一种健康的依赖

看来，对四五岁的老三来说，为什么生气已经不重要了，他就是要生气。直到发现生气带来妈妈的愤怒，是自己无法承受的结果，才要妈妈改变，给他一个笑脸。

没错，这就是无理取闹。如此到位的情绪，容不下说理，又何须说理？

这种把妈妈当洋娃娃操纵的状态，来自所有小婴儿起初的内在想象，当尿布湿了，肚子饿了，"哭"就是一把魔杖，可以自动让一切不舒服变得舒服。当婴儿笑了，眼前的照顾者也会笑；哭了，眼前的照顾者也会为了安抚他而无所不用其极。这是一种"世界之王"的状态，一切是如此美好！

四五岁的孩子，偶尔还是会回到一两岁的样子，这是个健康的依赖。我从无法察觉、想要说理和驯服，到看见这个圆圆的 baby face（娃娃脸），就很快消气，接受他是个大 baby，潜意识里也愿意一起跳回去一下，一起玩"妈妈宝贝"的心理游戏。

● ● ● ●

"唉，我是欠你多少？"我心里嘀咕。

在他的哭闹中，我勉强牵动嘴角。这个笑，一定很狰狞。

老三觉得不够，继续要求："妈妈要露牙齿笑啊！"

只好再咧嘴，挤出一个"嘻"。

很神奇，即使只是这么僵硬地笑，怒气也会"咻"地消失，最后真的笑了出来。孩子还挂着眼泪，但也笑了。两人笑成一团。

老大在旁边，一脸困惑地问："你们在笑什么？不是在吵架吗？"

这一刻，倒像两个小孩了。


## ✳ 跟着小孩一起"玩情绪"

其实，大人也会无理取闹，随便回忆我和先生的互动，就足以让自己蹲到墙角，手指还要转圈圈。

孩子因为年纪小，在情绪转换上自然较为快速。成人要让情绪转弯则较困难，这往往也是我们容易身陷忧郁与焦虑，难以自拔的原因。

如果放下潜意识那个"谁是国王"的较量，让孩子来引导我们"玩情绪"，单纯让孩子带着我们生气、哭、笑，让我们的内在小孩也可以获得自由，自然而然，那会是一场转换情绪的健康游戏。

放心，成人有一种机制叫作"现实"，我们都会很快变回妈妈的样子。如果可以，体会自己被影响、感觉被卡住的过程，将有助于进入孩子的内在世界。

这会让我们明白孩子是如何被卡住的——那种不想被指责，又知道自己有错的卡住。

只要是亲近的关系，不必刻意寻找，一旦顺流而下，就一定会发生"鬼打墙"的沟通障碍。但我们除了一阵瞎忙的懊恼之外，也要禁得起这种方式的提醒。特别是在亲子之间，放下权力的竞逐，照顾心里有话说不清的孩子，蹲下身子，甚至一起打滚，有时反而更容易调到彼此相通的频道。

至于情绪转弯这种事，通常是较能掌握当下的孩子比较在行。

这一回合，妈妈受教了！

# 每个小孩都怕鬼？

老二晚上练习吹口哨，老三在旁边说："我同学说晚上吹口哨，会有鬼出现啊！"

老二吓到停下来，不停地问我："真的吗？会这样吗？"

"那只是传说！可能是怕人家晚上吹口哨会吵到别人睡觉，才这样讲的！"我不以为意，赶他们去睡觉。

平常就睡不安稳的老二，这会儿更难入眠了，吵闹着要同房间的老大醒着陪他，窸窸窣窣的，一会儿开灯说要喝水，一会儿要老大陪着去上厕所。连带地，老三和妹妹也来拉我的手，不老实睡觉……

"喂！你们是怎么了啊？"我问，有种被逼着开灯带团体的感觉。

"很可怕啊！会有鬼。"

"爸爸也说过晚上不能吹口哨。"

"我想等爸爸回来，问一下爸爸是不是真的。"

"妈妈，你没听过吹口哨会有鬼吗？"

## ✳ 孩子有了让抽象情绪具体化的能力

先不说是否真有鬼魂，"怕黑""怕鬼"，在心理学上的解释是我们的心在面对邪恶、未知与死亡的焦虑时，所运作出来的具象化投射。当有一件具体的形状恐怖的事物时，反而较能安顿我们的身心，甚至进入社会建构的价值，让我们可以诉诸明确的灵性联结或自我保护。

眼前的孩子们，开始有能力将各种情绪幻化为具象了。

如果他们可以在幸福、开心时，相信圣诞老公公存在，那么因为害怕而在脑中想象鬼魂的形象，也属自然。孩子害怕未知与死亡，并合理地抵御邪恶和黑暗，又有何妨？

我只愿孩子可以在美好的想象中多停留一会儿，这是一个妈妈的私心，希望孩子能多些正面情绪。

## ✳ 妈妈最爱的是"宝贝鬼"

"嘿！来，告诉我，你们怕的鬼长什么样？大的？小的？穿衣服吗？什么颜色？"我认真地问，他们反而安静地愣住了。

"知不知道妈妈怕什么样的鬼？"我又问。

四个孩子摇摇头："什么样的鬼？"

"就……大概是一群这么高的鬼，瘦瘦的，会跳来跳去，爬上爬下，常打翻东西，嗯，而且蛮会哭的。有时候很会吵架，一共有四只，每天都粘在我身上……"

不用再说下去了，他们四个哎哎叫，说："妈妈，你怎么说我们啦！"

秀外慧中的妹妹接话了："我也觉得他们三个捣蛋鬼比较可怕。"

这未免也撇得太干净，好像没把自己算进去。

后面就是一团嘈杂混战，因为我捧着他们的脸，同时舔着嘴角，像是卡通里的怪物。违和的是这个怪物唱着一首名叫《宝贝》的流行歌曲："我的小鬼小鬼，给你一点'舔舔'，让你今夜更好眠……"

团体立马解散，跑着让我追，直到回房上床。


## ✳ 跟随想象力与幽默感前进

我抱抱老二，说："不怕，无论圣诞老公公、阿弥陀佛、观世音菩萨，还是上帝、耶稣、妈祖、土地公……或者小鬼、大鬼都一样，它们就像是外国人，都在另外一个国家。你没搭飞机，去不了也看不到。"

老大听了，接话说："对，跟我们来妈妈肚子里一样。上次妈妈说我们是坐船来的，所以还可以坐飞机吗？"

我都忘了这么说过。

老二正经地纠正："不是，我是坐雪橇来的。"

"好啦好啦！我也不知道你们的交通工具是什么，因为老实说，我看不见。不过，如果那些神啊鬼啊，哪天搭飞机或坐雪橇来，他们就是在做发礼物之类的工作吧！再不然，没有任务，就是来旅游、来玩的，你们看到了，记得要有礼貌地打招呼，知道吗？"

老二似乎比较安心了，说："那还得讲他听得懂的神话和鬼话……鬼话的'欢迎'要怎么说？'谢谢'要怎么说？"

我有些想笑，"孩子，妈妈告诉你，我们一边长大一边就会不知不觉地熟悉各种人话和鬼话，而且见到了自然就会说得很流利啦！"

鬼神是否存在，我不晓得。但我知道，想象力与幽默感可以带着我们拉开与害怕的距离。

 **小 孩 剧 场**

### 噩梦

老三："妈妈，我做了一个噩梦！"

妈妈："来抱抱……要不要说你梦到了什么？"

老三："我梦到我赖床，窗户外面一大堆动物在瞪我，有大象、长颈鹿、马来貘，还有疣猪。"

疣猪长什么样？我心里纳闷，这个梦可怕的点在哪里？

"好乖，好乖，那只是梦，你看窗户外面只有天空，你赖床也不会有动物瞪你。"

老二："只有妈妈会瞪你。"

妹妹："妈妈就是疣猪啊！"（理所当然，尾音还上扬。）

……算你狠！

# 我要有让自己快乐的能力

我是个心理师，是孩子们的母亲，是某个人的老婆、女儿、媳妇、姐妹、小姑……甚至我是个老师，也是学生。但是每一天，和这个世界的大部分人一样，睁开眼睛，我不会想我是谁，只是想着如何把我的一天安然无恙地过完。

一早，脑袋里想着要处理的会议和工作行程，看到一桌子乱糟糟的就觉得心烦。要老二整理桌子，他嘴里嘟囔："只会叫我做，都不叫他们……"

"这是你负责的区域，当然叫你。"我说。

老二却开始进入辩论模式，指着吃早餐的妹妹，说："她负责扫地，你叫她了吗？"

"怎么没有，每天早上啊！妹妹你说，我有没有叫你扫地？"一如往常，我满心只想回话之后，继续今日的行程。

妹妹煞有介事地认真点头，说："叫了，哥哥上学以后，妈妈就叫我。不过昨天妈妈赶着上班，叫了我一下，我不做，

妈妈就生气了。她骂我，可是其实我只是拿扫把……"

喂！没人叫你解释这么多。

老二还是重复地说："你哪儿叫他们了，都只叫我。"

看他继续执拗，我也不由地抓狂了。"你在争什么？我最少叫你了，不然你问其他人！"

老二拿起书包，继续念叨："每次都叫我，不叫他们……"

我又拉又追地说："你你你……好！对！我都叫你，没叫他们。你争这个干吗？争赢了又怎样？去上学吧！"

连珠炮似的骂完，推着他要他准备上学，他还在说："本来就是，你都叫我，没叫他们啊！"然后甩门出去。

## ✳ 我是"好妈妈冒牌货"吗？

我们都陷在各自明知没意义，却舒缓不了心头一口气的情绪里，只是孩子用嘟囔宣泄，我是明着争辩。

心平气和时，不觉得收拾桌子、扫地一定要在这个时候做，但在心烦、工作时，我就不由自主地容不下任何不如意。

这样的场景其实蛮熟悉的。我想到自己孩提时，也常在上学前跟卖早餐的妈妈争执。

长大后曾对妈妈提过，以前最怕早餐店生意太好，因为生意愈好，妈妈就愈难搞，特别是学校需要买什么东西，作业或成绩单要签名，或是自己想和同学做什么时，几乎都会被拒绝。那种时候的妈妈特别凶，骂人的话也特别伤人。面对这样的妈妈，我也只能嘟囔，然后愤愤离开。

这一刻，我将心比心地想着当时的各种教养事件。会不会，其实当时父母也没那么清晰地想着要如何教养，而只是在不同情绪下的应急处理而已？

现在回头看妈妈对我的要求、忽略，也许很多时候，那只是她在当时生存条件下的情绪状态。长大后，我当然可以理解她的辛苦与烦恼。

如同现在我对眼前的孩子们，有时我只是在烦恼工作，心不在焉；有时是忙碌一天，累了，焦躁了，不想再生事端；有时我得到了支持而感到愉悦开心，所以对孩子的状况乐于讨论，幽默看待；再有时候，我即使做对了什么，还是有种"好妈妈冒牌货"的焦虑，总觉得自己不够好，且对教养议题过度在意。

## ✳把温和与稳定传给孩子

盘整一下自己的生活，身上挂着的角色从没少过，只是，我该回头问问自己：

在这些角色相互转换的生活中，我是否一直焦虑？

如果我为了满足对这些角色的期待而难以快乐，除了赔上我自己的情绪之外，是否我也向孩子悄悄地传递了焦虑和忧郁？

无论在哪种教养模式中长大，父母的确很难避免传递与植入情绪，我们无法要求自己时刻保持教养意向的清明，但至少平衡一下，除了传递焦虑，也要传递快乐吧！

希望孩子有一天回忆起自己的成长片段，想到妈妈的表情和动作时，不会只是皱着眉头、指着他的额头，也有温和而稳定的牵手，以及溢出眼角的笑意。

● ● ● ●

老二和老大蹦蹦跳跳地放学回家时，我在门口笑眯眯地迎接。

老二依然敏感，问我："妈妈，你怎么这么高兴？你在笑什么？"

"我啊！发现想通一些事情后，再继续想不好玩的事，就没那么不开心了啊！你知道是什么不好玩的事吗？"我佯装生气地追逐老二，"你，你，你，就是你！还没收拾，上去，把桌子收拾好才能玩！"

他笑嘻嘻地上楼，模仿消防车的声音警告大家："快收拾啊！巫婆来了！"


## ﹡ 自己的情绪，自己照顾好

这个世界看起来很极端，我们有时会冷漠疏离，有时又过度干涉。这会不会是因为，我们对于内在的脆弱与因应方式始终没有自觉，而只由着本能的反应在自我保护？

或许，疏离是因为害怕有了联结之后，自己就会消失。而攻击，是为了避免自己消失，所以先张狂地把别人吞噬了。

每天睁开眼睛，我仍然不用特别去想我是谁，而是如常想着如何安然无恙地把今天过完。只是，我轻声提醒自己，要拾起照顾自己情绪的责任。

我要有让自己快乐的能力。

兄弟姐妹

PART 2

妈妈看着你们：

有时很快乐，叽叽喳喳没停过，

有时吵得很厉害，生过气了再和好，

有时三对一，有时二打二，

有时各拥山头……

妈妈的五只手指是不一样长，但手指的主人只有一颗心，

我尽量避免固定只用某只手指朝向你们某一个，

尽力构筑一个空间，让你们热热闹闹地长成自己。

不管怎样，喧嚣，表示我们很平安地在一起。

# 每个孩子都想成为那个唯一

原本是我要陪老二去参加比赛的，但老大生病了，所以改由爸爸陪老二，我带老大去看医生。

老大和我聊天时，说："妈妈，弟弟要去参加硬笔字比赛，考试考一百分，跳绳也第一呢！"

我没有多想，就说："对啊！妈妈也觉得他真厉害。不知道怎么办到的，可能是因为很专心吧。"

老大安静了一会儿，说："妈妈，那你会选我吗？"

这什么意思？我纳闷地问他："选你什么？你生病，我就选择陪你看医生啊！"

"不是这个。我问的是，妈妈，你会选我吗？"老大继续追问。

看他认真的模样，我的心，有点酸酸的。

唉！每个孩子都想成为那个唯一，双胞胎的最大弱点还是出现了。

我一时慌乱，反问："你呢？你会选谁？如果只能选一个的话。"

我不知道自己在回避什么。怕自己不公平？怕老大误解？怕被其他孩子知道？……用问题回答问题，还是等于没回答。

对照我的迂回，老大的答案倒很明确："当然选你啊！"

也是。孩子对妈妈的爱，毋庸置疑。

"妈妈，那你会选谁？"他继续追问。

"这个问题妈妈很难回答，因为你们四个我都很爱，我实在没办法选谁。但我知道现在你心里很希望我选你，那么妈妈愿意认真地跟你说，我——选——你——！"

老大的眼睛亮了，笑开了。那么灿烂的笑容，大概就像表白得到了响应吧！

"你很高兴吗？"我问。

老大用力点头。


## *只要你需要，妈妈一定选你

有种在跟老大偷偷谈恋爱的感觉。在他的眼里，我看见被独一无二地爱着是如何令人喜悦，那像是全然的快乐，似乎连自信也在这个片刻增长了。成绩、比赛、各种活动的表

现不佳也没关系，身外的成就统统后退，貌似没什么事能让他不开心了。

我也对这个笑脸着迷了。记住这一刻吧！和孩子联结，然后享受这个联结带来的美好与魔力，也谢谢孩子给我这个时刻。

"宝贝，谢谢你选我！那如果弟弟、妹妹问妈妈这个问题，妈妈可不可以也跟他们说一样的话？"

老大笑眯眯地回答："可以啊！他们一定也会想要妈妈选他们。"

就这么简单？我有点惊讶。

我想我真的多虑了，很多时候，是我把不安全感投射到孩子身上，认为他们会计较，其实更多的是我自己的在意。

也许，独特不等于独占。对孩子而言，只要他感受得到那份独一无二的爱就够了。他们也有美好的世界要忙着探索，只是当需要时，回头凝望或呼唤妈妈，看得见妈妈眼里对他的注视，心就踏实了。

选你选你！只要你需要，妈妈一定选你！

## ＊你们四个我都好爱，一个也不能少

当然，这种"你爱谁"的问题，似乎也无法统一作答，尤其孩子的特质不同，老大可以收下的答案，老二未必会买单。

继老大的"妈妈，你选谁"之后，老二也问了类似的问题。即使我说我选他，他也会策动其他兄弟姐妹来问我，甚至注视着我，看我能给出什么答案。

对他，我无法回避，他总迫使我面对真实的自己。

"妈妈，你最爱谁？"老二问。

见鬼，又来了。

我说："抱啦！爱你，你们四个我都好爱！"

另外三双眼睛望过来，明明天气很热，我却脊背发凉。

老二又说："哼！所以妈妈你不爱我。"

这这这……臣惶恐啊！

我赶紧说："爱，当然爱。"心里再次发出警报，要小心回应。唉！妈妈心里苦，但妈妈不能说。

"你不是最爱我，就是不爱。"

喂！一定要这样吗？

"我很爱你，但一定要加上'最'才行吗？"

其他三个也都凑过来了。老二一副严肃的架势，说："对，你'最'爱谁？"

　　唉！老二和老大不同。老二天生少了点纯真，但好思辨、敏感度高，同时固着性<sup>①</sup>也高。当他想要什么，就会专心致志，不顾一切地努力。和他交手数百回合了，他总是不断给我出新的考题。我知道，这孩子需要的，不只是我哄他、抱他，而是正面响应讨论，然后站在他身边。

　　"你们真的一定要问？都想知道？"我说，一副亮底牌的架势。

　　四个都点点头。只希望这次能一并解决了。

　　"好啦！其实你问了妈妈一个好问题，我一定要认真地回答。对不起，我会跟你说很爱、很爱、很爱，但是不会说'最爱'。之后也不会说。因为那个字是保留给你们四个人的。

　　"就像妈妈不会对左手说：'嘿！我最喜欢左手，没那么喜欢右手或右脚。'在我的心里，你们四个就是一个合体，一个都不能少。"

　　老二安静了，眼神也变柔和了。"妈妈，你爱我吗？"他问。

　　这问题让人心揪了一下。我紧紧抱着他，拍拍他，说："爱。别担心，妈妈只是有时会生气，有时做得不够好，但心里的爱没有少过。儿子，你可以对妈妈失望，但不用怕我会不

————————
① 固着，在心理学上是指对刺激的保持程度或不断重复的一种心理模式和思维特征。

爱你。"

其他三个好安抚的插话了。

妹妹说："妈妈很爱我们的！"

老三手叉腰，说："妈妈，你敢说不爱我？你敢吗？"

善良的老大则跑来抱住老二，说："我最爱你！"

我欣赏着这画面：左手爱右手，没有负担的纯粹，真好。

老二开心了，说："妈妈，我们就像合体的超级机器战士，对吗？"

嗯，可以，你想通了！

● ● ● ●

### 后记

写完这篇以后的一年中，不管我带上哪个孩子去散步、买东西，或对哪个孩子的善意表达感谢，这些孩子都没再问我这个问题。就算问了，也能相互回答："妈妈说都爱，一个都不能少。"

# 我知道，偶尔你不想要兄弟姐妹

孩子刚出生时，我们买了一台防手抖的傻瓜相机，但随着手机拍照功能逐渐出神入化，相机也就渐渐被遗忘了，静静躺在抽屉里。

直到有一天，老二找东西时发现它，不停地央求我们教他拍照。我和爸爸商量，也许这也是个机会，能让孩子们学着用相机帮我们拍照，也让他们多一种看世界的方式。

到了周六，我们带着相机去了一趟动物园，教孩子们如何拍照，如何把焦距拉近拉远。四个小孩轮流拍上一段时间，倒也不抢不闹，喜滋滋地拍了一整天。

回到家，一向执着的老二果然对相机依依不舍，始终不肯放回抽屉，在我的强迫下才收起来，勉强接受下个周末再去公园拍植物的提议。

周日早上，老二醒来后跟我说的第一句话就是："妈妈，我想要有一台自己的照相机。"

不会吧！又来了？

"你睡觉了吗？还是你想了一个晚上？"

表面努力维持淡定，其实心里的我不仅跌倒了，还哀叫连连。

老二笃定地说："妈妈，我想要一台自己的照相机。"

"不行。"

"为什么不行？"他问。

"照相机很贵。"我说。

他回应："我知道啊！你可以把你那台给我。"

"不行，那台要全家一起用。"

"他们不会用，只会乱拍。"

"大家都需要练习，你也是练习之后才拍得比较好啊！"

"要不然你再买一台照相机给我。"

"不行，照相机很贵。"

唉，又无限循环了。


## ✳ 大家的照相机和"自己的"照相机

牵老二去买早餐，在路上问他："妈妈问你，为什么一直想要一台照相机？"

他沉默了一会儿，才说："因为我想帮妈妈拍照，妈妈都没有照片。"

我觉得很暖心，在路边停下，对他说："哇，谢谢你！我好感动！"

他问："那你可以帮我买吗？"

"还是不行。"我坚持。

"不然，把你的那一台给我？"喂！感动就不能持续久一点吗？

这次我不吼了。老二虽然执着，但还是个可以说理的孩子。我说："爸妈每个月赚了十块钱，如果九块钱拿去买相机，一块钱是不够大家吃饭、上学的。要是我给你现在这台照相机，其他兄弟姐妹也都想要一台，怎么办？"

快到家了，只见他悠悠地说："我不想要兄弟姐妹，我想要自己一个人。"

哎呀！我怎么每次都学不乖？原来对老二而言，重点在于有一台"自己的"照相机。

类似的话已不是第一次听他说，每次听，我每次都沉默，也每次都揪心。

孩子们想有玩伴一起长大，却也因此较难独占大人的注意力，但并不代表在孩子心里，没有独占的渴望。

儿子啊，妈妈无法哄骗你，说出"你是唯一"这样的话，但请相信在妈妈的心里，你仍是独特、完整且无法取代的存在。

"这样啊……对不起，妈妈不能给你照相机。但你知道吗？你已经是一台最棒的照相机了，你把你看到的画下来，那就是照片。妈妈觉得你这台照相机拍出来的世界，特别美丽。"

说不出别的安慰的话，我和孩子都沉默了。

有些经验，只能尽力给予，无法解释。孩子终究需要自己一次次去面对爱恨的纠结。

回到家后，老二和哥哥、弟弟、妹妹一起吃早餐、玩游戏，时而一团笑闹，时而怒骂吵架，一会儿又是滚、又是抱，追来跑去的。

刚才那句话呢？云淡风轻地，飘走了。


## ✳ 想要独占，是学会无私的开始

安心、有耐性地等待吧！我提醒自己。

我们都在各种游戏规则、竞争，以及彼此在乎与相互扶持中长大，慢慢学会如何收敛内在的自私与攻击性。

我们也在长长的人生中，与他人一起冒险和分享。

　　我们会在付出中经历收获，在攻击时体会歉疚。

　　每一步，我们都是先辨识、沉淀，而后才有机会整合出更真实的自我。对待别人，也才能真心地分享与包容。

　　身为大人，我们无法对自己不曾意识到的部分放手。而孩子呢？也许启发他学会"无私分享"的，恰好来自此时能辨认且说出自己内心想要"自私拥有"的渴望。

---

## 小孩剧场

### 讨抱

　　妹妹抱着我说："赶快抱，不然会被大哥哥抢走了。"

　　她和老三叽叽喳喳地讨论，在四个孩子里，老大最会来讨抱，老二最少，少到几乎没有。

　　老二在旁自然地补充："我其实一次都没有，都是妈妈要来抱我。"

　　我想了想，还真的是呢！从来都是我去抱他，提醒他身体的感受，他不会来抱我，甚至不知从何时开始，抱这孩子还需要够久，他才会放松、自然。

我问老二："你为什么不会想要妈妈抱？"

他一派轻松地答："第一，那很幼稚（……少年啊，今年几岁？）。

"第二，那很浪费时间（……你很忙吗？）。

"第三，没有必要（妈妈……已无言）。"

老大说："我喜欢抱妈妈，这样感觉很舒服，妈妈很爱我啊！"

老二一派轻松地看着哥哥，"有必要吗？她没抱我，我也舒服，我也觉得她很爱我啊！"

我看着他，好奇了："那你从哪里感觉到的呢？"

他看着我笑："你自己想嘛！你做过什么事是不爱我的吗？"

# 告状，是因为心里有渴望

在孩子们没完没了的告状事件中，十件有九件让人觉得无伤大雅，有时我会安抚，有时要孩子们自己处理。烦不烦？很烦。但再烦都要听，就为了小心处理这第十件……

孩子们放学回到家，老三蹦蹦跳跳地绕着我说："妈妈，老师今天说我进步，妹妹退步了。"

没夸张，此话一出，妹妹立马落下大颗眼泪，哥哥们看着心都碎了（后面这句是我的琼瑶魂说的）。老二皱眉，过去抱抱妹妹。

身为妈妈，总是要搞清楚事件始末，我问："老师为什么这么说？"

老三说："因为她袜子乱丢，昨天是老师捡到的，今天是我捡到的。"

"你捡到了，然后呢？"

"我就拿给妹妹啊！然后再去告诉老师她乱丢。"

妹妹哭得更大声了："哇哇哇！哥哥乱告状！我袜子湿了，要晾干嘛……"

"你真的很爱告状啊！"老大骂老三，再转头安慰妹妹，"老师说你退步，有什么关系？"

老二也来帮腔："不管老师说什么，你自己感觉不是这样就好了。"

眼前这部家庭温馨大作，看得我惊喜又叫好。好样儿的哥哥们，能如此安慰妹妹。

我对妹妹说："好啦，不哭。哥哥说得好，有时候人家觉得怎样没关系，我们自己真正是怎样的比较重要。下次袜子湿了，就自己告诉老师，老师会教你要放在哪里晾干。"

接着转向三个哥哥们说："还有你们，以后呢，如果不危险或不伤人的事，就先不用告诉老师，叫对方别再做就好。但是，假如告诉老师可以让你或别的小孩安全，那就一定要说。"

### ✳ 安全地保护自己，也照顾别人

担心孩子变成爱打小报告的人，又不希望孩子失去适时告知的正义感，该如何跟他们解释这两者的不同？

我想起《陪孩子面对霸凌》一书中，作者芭芭拉·克劳罗塞（Barbara Coloroso）曾使用一个衡量标准供孩子思考：如果说出来会让另一个小孩陷入麻烦，就是"告密"，别说；若说出来会让自己或另一个小孩远离麻烦，那是"告知"，要说。假如两者并存，大概就是霸凌了，更是一定得说。

虽然想这么教孩子，但看来，这些说法让他们一头雾水了。

我对着四个小孩继续解释：

"如果有人故意乱放袜子，这不危险也不伤人，你就叫他别这样；如果故意乱放钉子，就要告诉老师，因为那可以保护别人的安全。

"还有，如果别人霸占滑梯，不用告诉老师，只要请他让开就好；但是，如果他为了溜滑梯而骂人或把人推倒，就要告诉老师。"

妹妹接话了："反正就是三个'不可以'，不可以伤害别人和动物，不可以破坏东西，不可以做危险的事。"

也是。对这个年纪的孩子来说，这是最简明扼要的结论。看来妹妹恢复高超的整合能力了。

孩子们，世界比你们想象得复杂许多，人与人的关系也难以用一个通用的标准来处理，天知道你们以后会遇到什么人、什么事（脑海闪过排挤、打架、霸凌、未成年怀孕……心理咨询室里的悲伤故事何其多啊）。

虽然妈妈很想一直陪着你们，但总有一天，你们会不想要妈妈陪，所以，至少要让你们熟悉以"安全"为底线的人际法则，保护自己，也照顾别人。

## \* 一不小心，就让"工具型告状"得逞了

与孩子们聊过这些概念后，过了一阵子，某晚睡前聊天时，老三说："妈妈，我知道不要常告状，但是，我喜欢你骂哥哥啊！"

怎么回事？你的眼睛没有特别白啊！我脑中飞快闪过这家伙因为翻白眼被打的画面。

告状分很多种：一是无所不告，二是该告则告，这两种的界限就是要用脑袋想想，如果会对自己、他人或物品造成伤害，而且还可以帮别人远离伤害，这样就必须告。

经过沟通，老三在学校告状的次数已降下来了，但在家里四个孩子中，次数还是相对多点。经他这么一说，我才想起告状还有第三种：借刀杀人的"工具型告状"。

这种告状表现在孩子每天"妈妈，妈妈"地叫："妈，你看他！你看哥哥……"没完没了、哭爹喊娘地装可怜。

就像老三，全身都是痛点，只要哥哥不帮他拿毛巾、玩具

不给他玩、比手画脚游戏不让他排第一个，或说他写的拼音看不懂，就会戳中他的哭点，让他或大哭，或含泪来找妈妈。

大多数时候我会叫他自己解决，但烦起来，也会为求速效而逼迫哥哥让让他。

我知道便宜行事不好，只是在这真实的世界啊，妈妈是下意识地先想活下去，才去想怎么带孩子共存共荣。简言之，还在修炼哪！

## *为什么喜欢哥哥被骂呢？

虽然对于老三处理事情的方式有太多担心，但我还是先忍住谆谆教诲的冲动，问他："为什么喜欢哥哥被骂？"

他说："我也不知道，很好玩嘛！"

可怜的哥哥们，原来你们才是工具型告状的受害者。

我继续问："不太懂啊，他们被骂哪里好玩？你是要说你会比较开心吧？"我忍住戳他头的冲动。

老三说："对啦！开心妈妈站在我这边啊！"

无辜的哥哥们，原来你们成了我跟弟弟间的代罪羔羊。

这下，老三戳中我的痛点了。

"所以你常常担心妈妈不站在你那边吗？"我问。

老三说："也没有，就好玩嘛！"

看来不是你词汇不足，就是我悟性太差……到底是哪里好玩？！

妹妹也加入讨论，说："你是不是因为大哥哥哭起来像马铃薯啊？"

老三大笑，说："对对，二哥哥哭起来像洋葱！"

吼！妹妹一加入，顿时变成笑话一则。但是想到老大的哭脸，我也扑哧笑了。

"那妈妈哭的时候像什么？你们自己呢？"

老三说："妈妈哭像石头，一动也不动。啊妹妹哭……"词穷了。

妹妹说："妈妈说过我像大卡车，你的哭脸像河豚！"

我大笑："真的，特别像河豚气鼓鼓的样子。"

老三一听又要哭了，鼓起脸来捂住我的嘴巴，说："不要，不可以，不要说！"

## ＊其实，还有其他的方法可代替

所谓工具型的告状、工具型的情绪、工具型的什么都一样，我们不说那是操控，而是为了解决某种需要或渴望所展示的工具性表现。

如果想要减少这项工具的使用，就和孩子谈谈他们的需要、聊聊他们的渴望吧！接着辨识一下，在满足他们的需求的同时，我们是否也不自觉地助长了他会继续使用这个工具的习性？

这一两年，在工作上和一群特教老师共事后，从她们身上学会了许多处理小孩问题行为的方式。例如：孩子还小时，需求多，而思考范围有限，行为常常依据直觉或本能，当他想得到我们的注意力而出现问题行为时，可能反而会因为我们反复制止或认真讨论而强化它。因为对孩子来说，这个问题行为是非常好的吸睛工具，我们会因此关注他，甚至花时间跟他认真讨论。

那么，要减少这个问题行为，又要让孩子学着用对的行为来表达他的需求，该怎么办？

忽略问题行为，和他谈谈需求，找找可取代的方法吧！

"好好好，妈妈不说，那你们也不要为了看马铃薯脸就想让哥哥被骂哭，就像你也不喜欢我说你像河豚啊！如果是想看马铃薯脸，哥哥很会演。如果是担心妈妈不够爱你，直接来问妈妈就好。这些都可以直接说，或是你也可以来抱我，这样会不会让你比较安心？"

妹妹听完，又下了批注："而且妈妈骂又不会痛，我就不会哭。哭像大卡车也没关系，我还是我啊！"

又跪拜了，好一个"我还是我"！

# 比 "赢" 还重要的事

在家里，孩子们常玩传接球游戏，尤其是两个哥哥学会用棒球手套接球之后，我们家狭长的走廊也成棒球场了。

能玩、能跑是好事，但玩游戏难免要分组，也有竞赛。这天下午，三兄弟没人要和妹妹一组，妹妹含泪撇嘴来到我身边。

"那妈妈和妹妹一组。"妈妈就是有济弱扶倾的本能。

妹妹还是大哭着说："他们都不和我一组！哥哥都不和我一组……"

唉，妹妹的小小心灵啊！

三个男生嚷嚷："妈妈，你们一组吧！我们和爸爸一组，男生对女生。"

除了比例悬殊之外，躺在沙发上的爸爸也猛摇头："我没说要玩。"

妹妹持续大哭。我说："嘿！妹妹就想跟你们玩呢！"

老大的回应很直接："不要，跟她一队会输。"

这下哭声更大了。

"那我一直跟她一组好了，出去玩一组，吃饭一组，睡觉也一组。你们男生就一直自己一组，好吗？"

这会儿，妈妈想起了自己小时候害怕没分到组的心情，心里那个小女娃儿也掉进"全有"或"全无"的防卫攻击了。嗯，也好，一起吵一吵。

这下换男孩们不开心了。敏感的老二发难，说："我又没这样讲，是妈妈你不要我们了，妈妈坏坏！"换男孩们在嚷嚷。

爸爸偷笑，继续摇头说："你们都跟妈妈一组，我自己一组。"

狡猾，乘人之危，我冷冰冰地瞟了他一眼。


**❋ 从同理心谈起……**


想起妹妹放学回来时，曾落寞地说："×××说不跟我做朋友了，我今天自己一个人玩。"

老大、老二也曾提过："谁跟×××坐一排，谁就倒霉，那排会被扣分。"

当时听着一阵刺耳，但一时不知如何处理，只是轻轻安

慰，或以制止带过。如今问题带上情绪，如果又避开不谈，怕
会生根变成孩子的信念。

群体生活中的霸凌，常与输、赢挂钩。赢的骄傲、输的自
卑，这还只是个人自信的议题。可是，当赢家鄙视输家，没输
没赢的旁观者又参照赢家的方式去对待输家，就构成了霸凌。

游戏的输赢，除了涉及自信，更要谈谈同理心。

人都有期望证明自己价值的本能，能够看见自己的价值是
种自信，但在长出自信的历程中，孩子却是通过内化"这世界
看待自己的眼光"来找寻自我的。

我们之所以怕被排挤，是因为害怕失去他人眼里那个不错
的自己。所谓"西瓜偎大边"[①]，于是不知不觉地，也以对待
别人的方式来彰显自己的价值，误以为跟着赢家，自己就也是
赢家了。

### ✳ 家里是现成的"人际情绪教练场"

我希望孩子从他人眼里看见怎样的自己？

我希望孩子如何对待别人，以证明自己的存在有价值？

---

① 闽南语，指投靠有权势的一边。

当孩子们渐渐成长，与同侪相处的时间可能比和父母还多。在群体中，我们期许自己，也渴望引导孩子成为有自信又具备同理心的人。我们家，拥有这么现成的"人际情绪教练场"，虽然有点吵，有点恼人，但我问自己：能不能别再逃？

是脓包，就挤了吧！省得日后发炎扩散。

此刻，孩子们哭的哭，嚷的嚷，悲伤、生气、心理不平衡……哇哇叫虽不是什么好听的交响乐，却是挺真实的情感表现。

## ✳ 在心里埋下小小的温柔种子

哭闹总会停止的，先来处理男生。

"你们怎么这么生气妈妈不跟你们一组？"我问。

"妈妈坏坏！只要妹妹，不要我们。"老二又嚷嚷。

老大诉求明确地说："妈妈只能打棒球时帮妹妹，其他时候还是要跟我们。"

我问："那我怎么知道什么时候要跟谁一组？"

老三叫着："睡觉要跟我！"

老大想了想，说："玩的时候，分组用轮流或抽签决定好了。"

　　很好，游戏之所以有规则，就是为了让孩子们在自信心与同理心发展未臻完善之前，拥有一个安全空间可以探索和拿捏。

　　还是先谈同理心吧！然后，容许孩子讲出行为背后的目的，说出他想要的是什么。

　　我说："妹妹哭，就跟你们哭着说妈妈坏一样，她觉得你们因为她不会打球，所以不要她了。"

　　老二回应："我只是不想输，没有不要她。"

　　"如果只能选一个呢？赢比较重要，还是当她的哥哥比较重要？"我忍不住想让他们学会价值取舍。

　　一片沉寂。看来这题有难度，那就晾一晾，先回头和妹妹讨论。

　　"妹妹啊，有时候就是这样，有些事情适合一起做，有些不能。譬如我们两个适合一起去听音乐会，因为你也喜欢，哥哥们就觉得很无聊。有些事你很厉害，像念故事，大家就会抢着要和你一组，那是因为你喜欢做这些事，或你有能力。就像虽然×××没跟你一起玩，但你有你喜欢做的事，你也有厉害的地方，而且你后来就自己玩了。"

　　妹妹不哭了，点头说："我本来自己玩，后来另外两个同学来找我玩。"

　　"哎，我也跟你一起玩了啊！"老三一向行善不落

人后。

至于另外两个哥哥，要憋住给他们答案的冲动，很难。但如果由我来要求他们看重彼此，又容易变成规矩教条。所以我还是留了问号给他们。不怕多问几次，慢慢来吧！

● ● ● ●

也许这个小小的问题已种在孩子的心里了。因为隔周我们去小溪边玩水时，孩子们又开始分组要玩"拦截水桶"（看哪一组拦截到最多水桶的游戏）。

A 组的老三跌坐在水里，B 组的老二站在他旁边，顾不得眼前又可以拦到两个水桶，放弃了游戏，先去扶老三上岸。

老二看了我一眼，我们四目交接的当儿，我点点头，说："这样挺好的呀！弟弟应该会感谢你，因为你觉得他比赢还重要！"

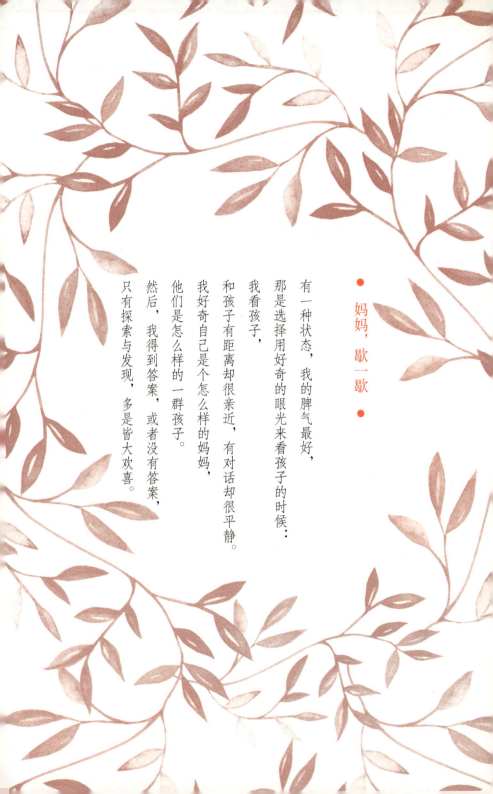

## ● 妈妈，歇一歇 ●

有一种状态，我的脾气最好，

那是选择用好奇的眼光来看孩子的时候：

我看孩子，

和孩子有距离却很亲近，有对话却很平静。

我好奇自己是个怎么样的妈妈，

他们是怎么样的一群孩子。

然后，我得到答案，或者没有答案，

只有探索与发现，多是皆大欢喜。

# 上天送给你的礼物……

放学后，老二找老大玩传接球，老大摇头说："我想要等到去暑假棒球营再玩。"

老二继续叫他："来玩嘛，来玩嘛！我们多练几次，你就接得到了。"

老大还是摇头，坐在墙壁前面，就是不看弟弟。

我诧异地问："怎么了？棒球营还早呢，你不是很喜欢棒球吗？"

他有点不开心地说："就是等暑假嘛！"

我看过这个表情，它的名字叫"挫折"。

之前老大在家里跳绳，先掌握到了"连续跳"的诀窍，就很开心地练习。但老二的毅力与坚持让他后来居上，慢慢地，老大就不跳了。最后，老二得了跳绳比赛的冠军，老大还意兴阑珊地说："可以通过考验就好。"

棒球也是。先开始跟爸爸玩传接球游戏的是老大，他也接得不错，后来老二加入了。老二喜欢不断挑战难度，还会自己对着墙壁练习，慢慢地，老大又落后了，也就不再主动要求爸爸跟他练习。其他还有画画、抖空竹、劳作……唉！有点不忍再数。只要遇到像老二这样的关主，老大就关关难过，关关弃守。

　　人天生有追求肯定与成就的本能，老大也是，我相信有一天，他会找到属于自己的舞台。但我不禁隐隐忧虑着：这世界竞争如此激烈，即便我们不与人争，环境也总是会标注强弱，在那之前，只希望他不要因为挫折就失去展现自我、探索自我的动力。


## ＊每个人都有天生的独特处

　　吃完饭，孩子们陆续上楼，我在楼梯间叫住走在后面的老大，说："嘿！你知道吗？我发现原本你喜欢做的事，只要弟弟也喜欢，而且做得比你好，你就不再做那件事了。像画画、棒球、空竹、跳绳……都是这样。

　　"我想偷偷告诉你，上天送你的礼物，就是'快乐'。你做很多事都会快乐，别人就算赢你，也拿不走你的快乐。可是，如果你因为不想输，就自己把快乐给丢掉了，实在有点可惜。你看看自己做这些事情时有多快乐？"

　　他笑了，说："我还是喜欢画画、棒球和空竹啊。"

挺好的，但贪心的妈妈心里闪过一个想法：如果你也能喜欢语文和数学的话，那就更好了。

上楼后，老大开开心心地一会儿画图，一会儿传接球。憋不住秘密的他，告诉了弟弟他拥有的礼物，老二也跑来问我："那我呢？上天给我礼物了吗？"

"当然，每个人都有！你的礼物需要解释一下。你知道什么叫作意志力吗？"真庆幸自己脑袋转得快，我猜老天给我的礼物之一，就叫作"应变"吧！

老二摇摇头，说："不懂。"

"大概就是……你会坚持朝向你想要的目标前进，不管遇到困难还是失败，你好像都不会放弃，总是一直努力。这叫作意志力。"

这怎么听都像是对他的一种称许吧！老二满意地笑笑，转身继续对着墙壁接球。

## *在自己的特质里挥洒自信

老大、老二两人的特质非常不同，如果兄弟俩同时遇到挫折，更可以看出彼此反应上的不同。

例如：同样都是心爱的玩具被没收了，老大刚开始虽然会难过哭泣，但不一会儿，注意力就会移开，去玩别的游戏，有时甚至早早就去睡觉，希望把时间睡过去，隔天特别早起来再玩。

老二呢，不太会哭闹，只是会和我争辩，一定要确定自己无权再玩。他会做什么呢？改用纸，或折、或剪，做出类似的机器人，或是画出被没收的卡片。

对于老大这样的孩子，有时我会纳闷：他哪来的信心认为"明天会更好"？而老二，则是让我一次次惊讶：如果他想做，有什么事情做不到吗？

若用编织的角度来看人生，纵向是美好、快乐，横向是挫折、痛苦，就会层层叠叠交织出一块独特的厚实布料。那么，老大擅长运用"快乐"来编织，老二则是擅长以"意志力"来处理，这就是他们所拥有的各自独特的毛线材质。

我是贪心的妈妈，总希望孩子们可以扩充自己的材料，常想着，如果换一捆毛线给他们，不知会如何？

### ＊把美好，传递给彼此

隔日下午，开车载两人出去的路上，我问他们："你们可否教教彼此：怎样才会快乐？怎样才能有不怕苦、不畏难的意志力？"

老二没有想太久就说："你想着你想要的东西，你就愿意忍耐了。"

说得真好！简单，明确。

老大呢？不知道这个问题对他来说是不是太困难，他唱着歌不回答，只是在老二身上戳戳戳，嘴里一边喊着"哔哔哔"。我想起武侠小说里的运气发功，也许他这样，就是在传递快乐了吧！

我问老二："这样被戳一戳，你会感觉比较快乐吗？"

老二咯咯笑到停不下来。

我还是执着地继续问："老大啊，你快乐的秘诀到底是什么？"

他努力挤出答案："就是想快乐的事，不要想问题就好啦！"

好吧，也对。

如果一定要扩充材料，那就引导老二多体会美好、愉悦的经验，鼓励老大探索想要的目标，就算是给他们不同的毛线编织了。

至于真实的快乐……如同老大所说，脑海里多想点美好的事，还有，不要让妈妈或其他人的问题萦绕脑中，就好了吧！

# 愿你们永远是彼此的好朋友

一大早，老二独自拼好了积木，得意地要拿来给妈妈看。老大看到了，惊叹："做得好漂亮啊！"这时老二正笑眯眯地推开我的房门，但积木没拿好，"哐啷"一声，霎时全垮了。

老二望着满地的积木，气恼地怪身后一米远的老大："你干吗叫我啊！积木都倒了！"

老大……这个最高等级的顺民，完全没事人似的跑来继续纠缠弟弟："我们来拼恐龙，拼你昨天那一只。"

我看到这一幕，对老二说："这个世界上，可能只有哥哥莫名其妙地被你骂，还能不生气地笑着继续找你玩了。"

老二安静了一下，调整得还算快，马上呼叫老大："我们一起拼，你说哪只恐龙？"

偶尔，帮孩子们联结一下吧！剩下的他们会做得很自然。

上学前，老二背好书包，穿好鞋子，坐在门前催促还在穿袜子的老大。

"喂！你快点啦！哎，还有联络簿，你忘记带又会被老师扣贴纸了……"

我听了，也对老大说："世界上也只有弟弟会在你拖拖拉拉的时候，边唠叨你，边等你，还怕你没有贴纸而提醒你了。"

我知道，孩子们的心里都有一个"位子"给彼此，在付出和被在乎的过程中，我也相信，这些孩子会给彼此很多的安全感。

真的，先求有，再求好。现在有个位子，就够了。


## ✻ 手足之间，恼气只有三秒钟

又是老大和老二，睡前，两人为了抢玩具扭打成一团，被我拉开罚站。

老二坚持那是他的机器人，不给哥哥玩。老大气得说："好，不要就不要，我也不想给你用宝盒。"

两人各自回到自己的床上恼气。

没多久，老二说："妈妈，我背痒。"

我还没回应，老大就跳到他的床上，说："我帮你抓背！"

老大抓背的样子之专注，画面像极了猴子。（下一步是把抓背的手送进嘴巴里吗？）我拍照给他俩看，他们笑倒在床上。

更令我惊讶的是，要他们睡觉时，老二竟把机器人递给老大，说："我让它今天陪你睡。"

这是什么状况？你们的情绪怎么可以转换得如此迅速流畅，不落痕迹？适才的扭打像是另外两个人的事，现在又一如往常地当好朋友。

这到底怎么办到的？

## ＊留个位子，给彼此心中的归属感

这四个孩子，总是能在吵闹过后，再和好；即使不满其他人的动作拖拖拉拉，仍愿意在气恼下，边催促，边等待。或是在学校拿了糖果，留到回家才在兄弟面前吃掉（是的，大多数时候不是伟大的分享，而是"献宝"）。偶尔，开心时也会叨念着："下次其他人也要一起来玩。"

看来手足之间是个挺好的平台，可以帮助建立人际界线，也学习情绪调节。

从想要独占妈妈、讨厌另外一个（或几个）手足，到逐渐

长大至可以一起玩耍、喜欢有对方的陪伴，又在对方过分时生气反击，气过以后再和好……在婴儿到幼儿期之间，孩子就这样一下讨厌，一下喜欢，且转换的速度愈来愈快。在这样对同一个人又爱又恨的过程中，他们会试着整合自己看世界的眼光，也会试着对自己的许多情绪包容、和解。

《脆弱的力量》作者布琳·布朗（Brené Brown）曾在书中提到，如果我们因为期望被某个群体喜欢而调整自己，叫作"融入"；但如果以真实、未调整的样子存在某个群体中，也不怀疑自己的价值，且可以被喜欢，那就叫"归属"。

"融入"的技巧，可以在教导、尝试错误的过程中学习。"归属"的自信与安全感则只能通过经验，一点一滴地累积。

我站在房门口欣赏孩子们演猴子抓来抓去，欣赏他们可以自私，也可以无私地掌握、摸索着自己的界线，欣赏他们迅速调节情绪的能力——我想，这些来自他们对关系的安全感与复原力。

至于青春期之后会如何？未来是否会随着成长而逐渐疏远？以后再说。

现在，我带着我的欣赏，孩子带着他们的安全感与复原力，一起长大吧！

# "切八段"<sup>①</sup>是一种和好的练习

　　小时候，我们都会把左右手食指的指尖相触，凶恶地要跟别人"切八段"。那股狠劲，恍若全心全意地相信"抛弃"是对方最怕的攻击与惩罚。

　　那，现代版的切八段呢？

　　晚上，老大和老二又在吵架，似乎开始了跳跃性的指责与辩解（"你有。""我没有。""你有。"……），接着就是揭伤疤似的互骂（"你只会乱哭乱骂。""你只会找妈妈。""你只会靠别人。"……）。

　　再喊下去就要伤到彼此的心里去了，我忍不住呵斥："好了，停下来！你们现在太生气了，先安静不要讲话！"

　　两人却像要讲点什么才能舒心似的，硬是多喊两句：

　　"你很烂，我不跟你玩了！"

－－－－－－－－－－

① 切八段，是指要好的人或亲人之间，因某种原因不再交往、说话，从此老死不相往来。

"不玩就不玩，你最笨，笨死了……"

我大喝："停！下！来！"两人才在我这样撂狠话后，以泪奔作结。

## ✳ 在家里学习"安全地受伤"

愤怒的眼神会因为防卫、攻击而变成仇视。当彼此杀红也哭红了双眼，还看得清楚眼前的人是谁吗？还能感受自己渴望友爱吗？

关系，也许禁不起这样恶意的伤害。鼓励表达情绪，不是容许放狗咬人；难听话大多只能添乱，而不能解气。"留点余地"，才是孩子们日渐成熟的过程中该拥有的人际能力。

不过，在孩提时有这些经验也是必然，每个孩子也总要有这样和人冲突的经历，对象也许是一起长大的童年玩伴，也许就是家里的兄弟姐妹。吵起架来，有时不只言语伤人，甚至出拳相向。

在童年时期经历冲突的好处是整合，可以看见自己心里有爱，也看见自己内在的攻击心态。尤其是手足之间，骂过了，吵过了，终究还是家人。在这份不变且留存的关系中，孩子的心会在冲突的过程中练习"安全地受伤"，体会哪些事、哪些话会让人心痛，以及要付出怎样的代价才能复原。

● ● ● ●

这次，当妈的先替孩子们拉住绳子，两兄弟安静了。

过了半小时，分别问问他们听到那些话的心情，要他们想想对方当时的感受。不一会儿，老大说要去房间拿小被被，老二已在房内，两人就待着没出来。

冷静之后，孩子总能自然地修复，这点我倒是很放心。

果然，不久又是一阵大笑——唉，他们和好了。

我的心里飘过一句："还是妈妈那个年代的'切八段'可爱多了。"

## ✳ 冲突太过了，还是要设个边界

当然，太平的日子总是不会维持太久。这天，主角换成了老大和老三。

老大抢走了老三的纸箱，弟弟边哭边追讨，正义的爸爸看不下去，决定济弱扶倾，狠骂了老大一顿。

结果，纸箱是还了，但在还的当下，老大却一屁股把纸箱坐破，哭着念叨："都不要玩，都不要玩！反正这个最后

要回收，我就拿去回收……"一副"我不能玩，你也拿不到"
的架势。

老三更是哭得难以收拾了。

唉！这是什么状况？"兄弟阋墙"不够，还要再上演"玉
石俱焚"的桥段？

在他们失落地哭、挫败地哭、生气地哭的同时，孩子们直
白地表现，也让我看见人性或许天生就有这样的黑暗面。

兄弟啊，"道义放两旁，利字摆中间"，每天都有这种
争、抢的剧目。做妈妈的因为相信人都有求生与向善的本能，
加上有时因为累了，就会睁只眼闭只眼，然后像躲进防空洞一
样，偷偷祈祷他们的战火可以自然消弭。所以大多时候不怎么
处理，只会给个大方向。

"玩具抢坏了就没得玩"的自然后果，总会迫使孩子们最
后找到双赢的结局，有时还可以让他们意外地发展出自己的协
商能力。但是，像现在这样，我问自己：对这场情绪争战，要
"放过"，还是"拾起"？若拾起，是要拾起什么？又要如何
引导和承接？

我想，还是给个边界吧！以免这场攻击带来孩子们自己都
无法收拾的残局，最后走入"你差劲，我就更坏"的自暴自弃
的循环。

## ✳ 手足之间，哪有吵不完的架呢？

恼羞成怒的那一个通常哭得最大声，而且最容易因为被骂、爸妈不抱，或其他什么理由转移哭点。我想，对应"这种哭"（只有这种），"忽视"反而是王道。就忍耐一下。

我拉住爸爸不要冲撞，自己也离开老大的视线，由着他震耳欲聋地哭……果然，他开始缓下来讨抱。

我捧着老大的脸，直白地告诉他："我会抱你，但是你知道你刚才对弟弟做了什么吗？"

他又哭了，说："知道啦！可是那本来就要回收啊……"

风雨再起，只是没刚才的力道大。

我还是直捣核心，说："我看到你抢走它是想拿来玩，爸爸要你还，你才破坏纸箱，说要回收。"

哭声渐歇："知道啦，我知道啦……"

我继续说："来，妈妈没有生气。但是，那样真的不对啊！妈妈只是觉得奇怪，你是怎么了？怎么拿不到抢，抢不赢就想破坏？"

"我只是想玩，他不会给我。"他说。

"你问他了吗？"我问。

老三过来插嘴："如果你问我，我就会给你。"

呵呵，我的心里开始念叨：是这样吗？最好以后你都会这

样，现在就先当作是吧。

一次解决一件事，我继续问老大："我只是在问你，你很想要一样东西的时候，你知道你在做什么吗？做了之后你真的开心吗？"

他确定我没在生气，才犹豫地说："我只是不想给他玩，因为他也不给我玩。"停顿了一会儿，又说："好啦，我知道了。弟弟，对不起，我去把箱子粘好。"

唉！现在可以抱了。

我抱着老大对他说："嘿！你们都长大了，想一想吧，真的很想要一样东西的时候，还可以怎么做会比较开心呢？"

老大点点头回答："跟他讲，或者等。反正弟弟每次也只玩一会儿。"

老三飘来一句话："你粘好了，我也不会原谅你。"

不过那个老大啊，已经自我宽恕了，丝毫不以为意，继续去粘箱子、缠着弟弟了。

● 妈妈，歇一歇 ●

受伤，未必是创伤。

孩子长长的人生中难免有挫败、会受伤。

我们的回应：是盖住让它化脓，

还是真实地看待他的伤，握住他的手，

陪他挨过撒盐清创之后仍会有的疼痛？

# 无法说"没关系"，但我原谅你

孩子长大的过程中，难免跌跌撞撞。一般来说，如果是自己磕碰受伤，父母尽力照顾孩子时，会因为无法替代孩子的苦而心疼。另一种状况，则是孩子伤到别人，我们在诚恳善后之际，心也悬在空中，一方面是愧疚，一方面是恐惧，担忧是否对他人造成了难以挽回的伤害。

如果有一天，伤人与受伤的，都是自己的孩子呢？

这天夜晚，男孩们又在玩追来打去的游戏，老二追老三追到了床上，也许是他推了弟弟一把，背对床沿的老三"咚"的一声，摔到床下。大人们全进到房间来查看，发现老三摸着自己的后脑勺在哇哇哭泣，没一会儿就把晚餐全吐出来了！

在我们忙着帮孩子冰敷、收拾之际，老二努力想哄老三笑，又是做鬼脸，又是拥抱，最后还咚咚咚地跑去厨房拿盐巴，在老三面前边撒边喊："下雪了！下雪了！"

这个方法或许能哄得老三几分钟的安静，却让我们除了忧心老三的伤势之外，更是对老二制造的问题感到心焦烦躁。那一刻，我们已无法细思老二行为背后的意义，只恼怒他推了弟弟，于是一阵怒斥后，也让他罚站许久。

## ✳ 闯祸的那个满心惊怕

半夜，老三醒来喊头痛，又是一阵狂吐。兹事体大，赶紧带去急诊，做了脑部检查，初步诊断是脑震荡，折腾到四点多才回家暂时观察。

也许是回家时惊动了老二，或是他也没怎么睡，他走到我们房间，看我抱着老三，也走过来靠在我身边，轻声地说：

“妈妈，对不起，我不是故意害弟弟跌倒的。”

唉！只顾着担心老三，都没有想到老二的心情。看他愧疚的表情，想想，他应该也吓到了吧。本想脱口说“没关系”，但心里又是一阵挣扎，因为有些错误，似乎不是真的“没关系”。

话到嘴边，仍硬生生忍住。

“来，妈妈知道你不是故意的，你一定也很难过。我相信弟弟的头会好起来的，他也还是很喜欢哥哥。但你知道吗？就算你说对不起，我也不能跟你说这样推人没关系，因为它真的

很严重。你要记得今天的事，以后千万不要再这样推别人，知道吗？"

老二哭了，点头说："知道。"

他主动去摸弟弟的头，我的眼眶也跟着湿润。

"妈妈觉得你来说对不起很好，放心，我不生气，原谅你了。去睡一下，过一会儿就要起床上学了。"

他乖乖回床上睡觉，没再多说什么。

孩子，有些错误造成了伤害，妈妈即使知道你难受，也不能说"没关系"，只能轻声对你说："我原谅你。"


## ✳ 用孩子的眼光来理解孩子

每个小孩多少都需要一点"上天宠儿"的好运吧！当孩子免不了陷在"低谷"的时候，我们大人只能尽力守护，然后认真地弥补，把伤害降到最低，不论是生理上，还是心理上。

情绪敏感但处事较为自我的老二，总会说"希望这个家只有我自己一个小孩"，却出生在我们这样多个孩子的家庭，于是他或故意、或不小心地，常有许多挑战爸妈底线的状况。尽管大多数时候，都由做父母的来承接、安慰，但这似乎不足以将他对身为"独生子"的向往，扭转至多注意拥有手足的美好。

只能尽力了，然后期许这孩子能真正体会到手足带来的温暖。

父母可以为他们做的，就是用孩子的眼光来看孩子，引导他们自己与手足进行联结吧！

如果我可以带着老二去体会弟弟、妹妹看他的眼光，也许就是最好的联结。就像老二漫天撒盐（是在驱邪吗），是大人在忙乱时无法忍受的行为，但老三却在对医师描述受伤经过时，说："哥哥推我，让我掉下床，后来为了要让我笑，还玩盐巴，就被罚站了……"

这样的描述让原来怀疑他被爸妈家暴的医师突然间释然，还偷笑了。

弟弟清楚地理解哥哥的心，看见了哥哥的善意啊！


## ＊我愿陪着壮大你们心里的善

大多数时候，生活推着我们前进，工作、家庭、人际关系……我们很忙碌，几乎可说是毫无余暇。面对这样的生活，我只有一个原则：没事就容着自己应付着过，甚至有时可以不假思索，横冲直撞地过。

但如果遇事、遇纠结了，记得一定要缓，甚至要停，为

心争取一点空间。通过停留，才能看到自己的心，也看到孩子的心。

　　除了担心受伤的孩子，也要在事件中，看见另一个心里也在惊怕的小孩。在把事件对两个当事人的伤害减到最低之外，也期望可以给孩子的未来提供滋养，并对其价值观的形成产生引导作用。

　　毕竟，即使是多事、多纠纷的孩子，做错了事也会有罪恶感，看到别人难过也会想照顾对方，这些是一个孩子心里会有的基本善性与和人联结的能力，或许微弱，但可以通过一次次被看见、被支持而增强。

　　如果可以，我想守护并壮大这份善——除了照顾老三的伤，也肯定老三对哥哥单纯的爱；不只安顿老二的心，也引导老二看见弟弟对他的信任。

　　如果他们在这样的事件中得以修复与牵手，那么我相信，他们未来的手足情谊也会更加坚固。

**小 孩 剧 场**

## 高规格道歉

"对不起……对不起啦！"妹妹说。

被她撞到的老三一直哭。

"你可以原谅我吗？"妹妹问。

老三哭着摇摇头。

"拜托！我知道会痛，痛也还是可以原谅人的啊！"妹妹
继续说。

也没错，但……嗯，连我的脑袋都没跟上。

老三愣了一下，还是摇头。

"你现在还是想一起玩吧？"妹妹再问。

事主没那么痛了吧，只剩愣住。

"再给我一次机会嘛！"妹妹说。

这次老三含泪点点头。

前后几句话，不到三分钟，我第一次看到这么流畅自然的

道歉、和好过程，丝毫没有阻滞。孩子的道歉，怎么可以如此
实时、真诚、同理，再加上循循善诱？百炼钢就是这样化为绕
指柔的吧！

天啊！谁受得了她的道歉？

# 我认得，那是你面对挫折的表情

我们家族每年都会举办一次"阿嬷杯运动会"，就是让一群小孩跑跑跳跳地闯关玩游戏。除了舞蹈表演之外，还有转呼啦圈、吹面粉、叼橡皮筋、画面具，有时还会配合时令节气，举办包粽子或剥柚子大赛。

老大是个单纯的孩子，总是认真投入，一个口令、一个动作。而阿姨们也总是不忘看见他的亮点，为他留个"厨神"封号或是"极努力"的奖牌。

这孩子倒也珍惜，总是喜滋滋地把奖牌放在枕头旁，只为了可以看一眼笑着入眠。

"我从来没有得奖，因为都被弟弟得了，这是第一个奖！"老大指着奖牌，笑眯眯地说着。妈妈却看着他，心酸酸地疼着。

当然，只要是比赛就有输赢。看着哥哥得奖的老二，每到颁奖时就有些生气，虽然为兄弟姐妹们拍手，却又显得意兴阑

珊。毕竟他一向在课业、才艺方面表现都好，让老师们赞不绝
口，这些成功经验也加深了他不容许自己失败的执着。

他看着领奖的老大，闷闷不乐地嘟着嘴，但没有说什么。

## \* 看向明亮，阴影自然在身后

获得表扬可以培养孩子的荣誉感，同时，也会因为内在的
竞争焦虑而产生得失心。而最原始的竞技场，就是来自手足之
间，他们会通过争取"父母的爱"来确保自己的价值，遇事即
使只是轻轻撩拨，都足以绷紧心底敏感的神经。

只能经一事，松一次了。孩子的自卑或得失，通过"心"
被公平、肯定地看见，得到父母认证，就能一次一次地，建立
起无可取代的自我接纳与存在感。

更何况，阴影必然存在，不管是手足或其他好友的胜利，
都会带来内心的嫉妒和羡慕。孩子终将需要与这样的内在状态
共处，我们不必因为是阴影就想为他排除，只要孩子不受其控
制，也不会被遮挡住看世界的视线就好。

引导他练习挪动眼光，看向明亮吧！阴影自然会留在
他身后。

妈妈虽然认得孩子挫折的表情，但难的还是如何让小孩有

面对挫折、看向自己价值的能力。这是多么困难的功课啊！我自己走向中年的人生，不也常为此所苦吗？

若要釜底抽薪，重点其实仍在孩子如何接纳真实且有限的自己，如何在赢的时候大度而温柔，输的时候也愿意微笑着拍手。

● ● ● ●

孩子们继续游戏，我看见在下棋的老大此时斗志高昂，老二则是臭脸如常，直到赢了哥哥几盘棋，才笑逐颜开。

还是让他们自己经历这个过程吧！没有进入情绪的经验，要从何体悟这些细致的情绪历程？相较于人生，这些竞赛、游戏还是安全的训练场，我们如果期许孩子不只是拿到驾照，更可以开车上路，就免不了得忍耐他们相互吵架、怄气。

看待竞争的眼光，不只会影响棋艺、跑步速度、投球准度这些内容的进步，同时，也是在一次次地培养与输赢相处的勇气和风度。

## ❋ 不论得失，对待自己宽容些就好

吃完晚饭，洗好了澡，全家聊天细数着今天做了什么。我对老二说：

"妈妈觉得你今天做得最棒的事，不是你答对了几题或赢了什么比赛，而是后来你会帮哥哥拍手了。你可以祝福别人，为别人的胜利开心，妈妈觉得这样真有风度。"

老二有点愣住了，好像唤起了他的不开心，嘟起嘴巴说："没有啊……可是你一直称赞哥哥。"

"我当然会称赞哥哥，为他高兴嘛！你仔细看看哥哥，笑成那样，我都被他的开心传染了。你不会吗？"我说，"好啦，那你跟我说一下，为什么你要不开心呢？"

对这个老二，与其告诉他道理，不如问清楚他心里为何过不去。

"我就是不喜欢输嘛！"

这孩子倒也诚实，只是妈妈替他觉得辛苦。

"老实说，妈妈跟你一样，小时候，我也很不喜欢输和失败的感觉。可是，怎么办？等我长大了，才发现有时候不管我多努力，就是会输、会失败啊！"我两手一摊，无奈地摇摇头。

也许，无能为力的妈妈，先陪孩子在"输"的感觉里蹲一下就好，虽然没有什么策略，但也算是让小孩把挫折装进妈妈相对较宽广的心理空间。

说也奇怪，老二突然因此变得比较轻松了。

"没关系吧！那我长大就会好了！"

也是，生命就是这样，你在成长，步伐也会跟着逐渐加大。还没走到目的地，也就不用急于立马改变，蹲一下，待一会儿，慢慢和这些胜败得失的经验相处。也许我们仍免不了在意，但只要宽容些对待自己，不受苦就好。

老二又转头去找老大，笑着伸手，说："哎，那奖品呢？不是有很多饼干吗？我的饼干呢？你领完奖怎么就都吃掉了？"

而那个故意的老大呢？只是继续呵呵呵地笑……

# 如何带你看清与世界的界线？

星期天早上，带孩子们去玩沙子，老二盖的城堡被其他小孩推倒了，他气得直跳脚。即使对方道歉，他仍不依不饶地嘟嘴念叨，坚持让对方在原地盖一座一模一样的城堡。

我看看那个有点茫然的两岁娃儿，以及身后直要娃儿道歉的母亲，换我不知所措了，直说："没关系，没事的，我再跟他谈。"

陪在老二身边，试着理解他，他却反而越骂越大声。我想转移他的注意力，但可能是技巧不够，这孩子还是生气地僵在那里，丝毫不肯挪动。看着他，我的无力感还是带出了情绪，最后火大了，强势介入。

我说："走！你有你的做法，没有人可以还你一个一模一样的城堡。沙坑也不是你一个人的，凭什么你想干什么就干什么？我们还是回家吧！"

算是落荒而逃吧！那个当下我也说不出清楚的道理，只想火速把孩子带离现场。

● ● ● ●

到了下午，老大不想遵照弟弟妹妹订的规则和玩法，自己晃来晃去地喊无聊，一下子故意踢乱老三搭的轨道。被我制止后，又抱怨弟妹不肯跟他玩，在地上滚来滚去哭闹着。

"够了！这是怎样的一天？还是什么星逆行之类的？"在哭闹声中，我的心也在尖叫。

依旧不太知道该怎么办，想等他哭完。但这孩子越哭，破坏力越是强大，甚至跑去撞倒了妹妹堆的积木。我终究还是大声呵斥了，他停住，不情不愿地罚坐在墙边十分钟。

兴许是我的肺活量太差，或者是与孩子对决实在太费力，这一刻，当我坐回沙发上，已是气喘吁吁。

## ✳ 摇摆在"自我"和"他人"之间

我们与世界的界线，到底是如何建构出来的？

我自认是一个温和、有礼的妈妈，但也常为了照顾别人的感受而失去自我。有时模糊了"真诚"与"讨好"的边界，才发现背后都是在担心别人的情绪，或为了换取别人对我的

称许。

当我这样的妈妈，遇到孩子要探索与世界的界线时，又会过度在意自己的讨好可能会影响孩子的自主权。当孩子与他人争执时，想要带领小孩表达自己的想法，却发现他的想法源自孩子无边界的"自我中心"。而收拾不了的我，手足无措了。

"这样大吼好吗？"我问自己。有时孩子撒泼，只是想要宣泄情绪吧。

但是，难道要由着他宣泄而失去对他人的尊重？这样无疆界地宣泄，孩子会不会反而因为无法掌控而更加惊恐？

我想给孩子一条与世界相处的界线，只是在他们失控吵闹，不知怎么响应时，才能把这条线放入他们心中。

大多数时候，孩子会在游戏中自然地与其他人一起摸索界线，在挫折和冲突之下拿捏进退，但总有因为人际渴求或以自我为中心而情绪失守的时候。当孩子因情绪化而无法控制大脑的时候，先帮他拉住自己吧！

我喊着："这个沙坑不是你一个人的。""怎么玩又不是只能听你的。""停下来，先去坐好。"……虽然大吼不是上策，但妈妈用自己来挡住孩子的情绪，让他不再冲撞其他人，也算是堵高墙，可以暂且充当边界吧！

## ✳ 我不能给你世界，但我可以陪着你成长

老二还记着上午那件事，貌似不经意地靠到沙发旁，问我："为什么不能按照我想要的玩？"

我有些语塞，还是不知道该怎么解释。

孩子啊！我可以给你一张桌子、一个抽屉，随你摆放和收拾；但我不想在你和他人冲突时，为你占领一个沙坑，或主控一场游戏，因为那是属于每个人自己的人生难题。

"就是不行呀，那样久了会很孤单的。如果这个世界上，大家都没有意见，都听你的，那是什么感觉？所有人都跟你说：'好，都照你说的来做。'你想想，那会是什么样的世界？"

看来这问题有点难，老二想了想，没有响应，又继续去玩了。

孩子啊！你不开心我知道，但我只能在帮你画线时，也跟你联结；在离开沙坑时，紧紧牵着你的手，让你生气哭闹时尽量不伤到别人、不伤害自己。其他的，你再长大一些才会讨论吧！

父母能为孩子做的，除了给他边界，还可以带着他认识这个世界。孩子可以有自己的地盘、有自己的秩序，但相信他们也不会想要地盘大得如同一座孤岛，而是会想要与人联结、共

有及分享。

　　在这些矛盾的需求中摸索，然后找到和自己不同的需求共处的方式，这个过程就是"成长"。而我们通过选择，不断重组内在的秩序，找到一个与世界、与他人安然共处的方式，就是所谓的"界线"。

　　面对人生的不如意，只要陪着自己的情绪自然地发散，就会看到眼前的台阶，自信、优雅地走下去。

　　● ● ● ●

　　罚坐在墙边的老大逐渐冷静下来，看着其他三人玩游戏，问我："妈妈，我等一下用积木搭一座桥给他们的车子过，可以吗？可以吗？"

　　"当然好。"

　　孩子踏着脚下台阶，倒是轻松自在，依旧蹦蹦跳跳。

# 谢谢你们来当我的宝贝

孩子们喜欢问我这些问题：

"妈妈，我从哪里来的？"

"在跑到你的肚子里以前，我在哪里？"

这种问题，我们小时候也都问过，大多会得到忙碌的大人随口一句："捡来的！"虽然知道不是真的，但偶尔被骂或被打时，还是会悲从中来，在心里演出一段《苦儿流浪记》或《千里寻母》的幻想戏码……

话说回来，当时的卡通还真的都是这些剧情。会不会这是种时代意象？通过故事安慰年幼的孩子，在父母因忙碌而忽略他们时，用卡通偷偷在他们心里置入某个爱着自己的幻想的母亲。

当了妈妈的我，遇到这个"从哪里来"的问题，似乎也下意识地想给孩子们感觉被爱、感觉很安全的答案。就算要随口带过，提供的幻想素材也极尽温暖之能事。几个版本大致如下。

童话版："你们是圣诞老公公送给我的礼物，有一天啊……"（是不是很温暖？）

科学版："是医生帮忙，把你们放进我肚子里，让你们在里面长大的。"（这是因为想到之前求子的艰辛。）

也有上个世代那种随口胡诌版："你们是从电视里面抱出来的。"（这是一起看电视的时候说的，孩子们都笑倒了。）

再来一种，潜意识版："你们是在田里面，跟那些水果一样长出来的，蝴蝶、蜜蜂都是好朋友……"（纯粹是因为那阵子在看《大地之母》之类的书。）

● ● ● ●

大多数时候，如果回答得完整一些，甚至带有剧情，孩子们都会津津有味地听着，仿佛我儿时看卡通那样着迷。若只是敷衍虚应，他们可能就会继续纠缠，或是生妈妈的气。

所以，重点似乎不在回答的内容，而是回答的"态度"和"语气"。认真地承接孩子对生命的提问，才是对孩子有意义的事。

而"故事"似乎也是个很好的投射空间，在我们共同发展故事情节时，其实也在其中投射了各自的意识、潜意识，甚至注入了集体文化的潜意识。

## ＊幸福、快乐、开心和笑眯眯

有一天，看到一本书叫《灵魂的出生前计划》，我在其中找到了回答的灵感。在他们又问起的时候，我认真地当作睡前故事和孩子们聊了起来，改编后的故事内容大概是这样：

"在天空之外非常远的地方，有很多很多的小孩。大家都在云上面玩耍，跳过来又跳过去，也会到处串门子，滚成一团。另外还有老爷爷和老奶奶在照顾大家，时不时就问大家要不要到地面上的爸爸妈妈那里，愿意的，老奶奶就会帮忙把他送进妈妈的肚子里，在肚子里待十个月，然后出生变成小宝宝。

"你们呢，实在是爱玩的小天使，一个叫幸福，一个叫快乐，还有一个叫开心，妹妹就叫作笑眯眯。平常四个都在一起玩，会吵架，会打闹，也会互相帮忙。每次老爷爷和老奶奶说你们该去找爸爸妈妈了，你们都没听，还是玩个不停。

"老奶奶很温柔，尽量不催你们，妈妈只好一直等，一直等。直到有一天，老奶奶看到地上的爸妈在难过，叫你们一起从云上面看下来。你们不看就算了，一看就爱上了妈妈，四个人争先恐后，好想和妈妈团聚。你们猜，后来怎么决定谁先来呢？"

老大说："我们猜拳！"

老二说："我们比较老,所以先来。"果然是好老成的答案。

老三愣愣地说："不知道。"

妹妹则说："我让给哥哥们啦!"

我继续讲："其实我也不知道你们是怎么决定的。后来老奶奶就送了'幸福'和'快乐'两个小天使到我的肚子里,没多久,哥哥们就出生了。之后,'开心'和'笑眯眯'看到地上的我们,也吵着要老奶奶送他们下来。很快地,我们就在地上团圆了。"

这个故事让我们聊了好一阵子,甚至在带他们去寺庙时,也会告诉他们有哪些神明一起住在云上面,比如,观世音菩萨或送子娘娘就是老奶奶,阿弥陀佛或月下老人就是老爷爷。

他们认真地向神像打招呼,甚至对送子娘娘说:"母亲节快乐。"


### ✳ 让想象力无限延伸

孩子们有无限的想象力,这样的故事虽然没什么科学性,却能安顿幼小心灵对生死的想象。我父亲过世时,孩子们就安慰我,叫我看看天空的云:"也许外公变回了'呵呵呵小天使'在云上奔跑。""呵呵呵"是外公的招牌笑声。

或者，他们也会在故事里编出其他关于自己的搞笑情节，最近的版本是："其实'幸福'和'快乐'本来还不急，是老三和妹妹想看妈妈，就不小心把他们推下来了。"生妈妈的气时，也会有联合众神明的版本："没办法啊！连老爷爷和老奶奶都怕妈妈，我们不想来，还是被赶快送过来了。"

孩子们随着心情决定了不同的故事内容，我们会在故事中感觉彼此靠近，或是搞笑地拉开彼此的距离。

## ✳把"爱"与"陪伴"写进故事里

故事带着一种神奇的魔力，可以让纠结的放松，让疏远的在情节中慢慢拉近。孩子们把想象安放在故事的空间里，一直编下去，总会把爱与陪伴写进去。

但是话说回来，如果故事可以安抚孩子心中的集体潜意识状态，那么，现代版卡通的剧情，大多是小孩走向独立冒险的旅程，又是在反映什么？

想起有位精神科医师在聊天时说："也许这个时代大多数的孩子，不缺安全感，缺的是独立冒险的能力。"或许，如今孩子们内心最艰难的问题，不是在于"我从哪里来"，而是悄

悄地忧虑着"要往哪里去"。

**小 孩 剧 场**

### 认真就输了

坐在爸爸开的车里。

老大问："车子为什么会动？"

爸爸回："因为有人开车，还加油。"

老二问："那天空为什么是灰色的？"

妈妈回："因为今天是阴天。"

"为什么阴天就是灰色？""因为云很多，水很多。""为什么云多就是灰色的？"……不要吧！要这样一直问下去吗？

老三说："因为有人把水彩洒到天空啦！"

老大说："对对对，我当小天使时（出生前）洒出来过。"

老二附和："对对，我看过他把洗笔的水打翻。"

老三看着天空说："对，你们看，真的，那里有小天使！"接着对着天上大喊："喂——你要管好你的手，不要再打翻了！"

◇◇◇◇◇◇◇◇◇◇◇◇◇◇◇◇◇◇◇◇◇◇◇◇◇◇◇◇◇◇◇◇◇◇◇◇◇◇◇◇◇◇◇◇

PART 3

小孩在学校

出生，"只要健康就好了"。

幼儿园，"只要平安开心就好了"。

小学低年级，"只要品行乖巧，不惹是生非就好了"。

小学高年级，"只要好好表现，多个才艺就好了"。

初中，"只要认真读书，交对朋友就好了"。

高中，"只要考所好学校，不沉迷网络就好了"。

大学，"只要……唉！早点回家就好了"。

出社会，"只要……记得打通电话就好了"。

病了累了回家了，"好好好，只要健康平安就好了"。

我们……可能会越要越多，但也必然会越要越少。

# 妈妈也舍不得离开你

上学前，老二坚持要在家里吃完早餐，速度异常缓慢，先生又比我早出门。看来，不是准备好等他，容许自己迟到，就是狠下心让他不吃早餐，或在一阵争吵后，强迫他带去学校吃。

再过一个礼拜小学就开学了。我问老二："以后上小学要更早到校，怎么办？"

他说："老师说，以后小学也不可以带早餐上学。"

老大则回应："我们可以去看看有没有人带。有人带，我们就可以带啊！"

老二还是坚持，"不可以，一定要在家里吃完"。

对于早餐，老二有着异于其他三个小孩的坚持，我有点困惑，不大明白是为什么，但也只能由着他了。

在车上，我对老二说："看来妈妈今天迟到了。下礼拜上小学，我们一定要早起出门吃早餐，好吗？"

沉默了一会儿，老二哭了。

"你为什么不自己做早餐？你每次都是买的！你为什么不自己做早餐？"

## ✳ 早餐是迎向分离的重要仪式

喔，我好像有点弄懂了。这孩子一早的别扭，其实有说不出口的"诉求"啊！

也许对老二来说，早餐，不只是早餐吧！

要上小学了，他嘴巴嚷着自己一点都不怕，也不会紧张。我虽然狐疑，但从未深究。这天早上，总算有点理解了。

我猜想，"早餐"，或许就跟老大和妹妹每天早上起床都要抱着走来走去的小被被或小枕头一样，也像老三在睡前或妈妈出门前，都要上下摸过我的手臂一遍才能安心放手一般。妈妈从未拒绝，是因为理解小被被、小枕头或是妈妈的手，对他们来说有着重要的过渡意义。

老二虽然看似独立，其实还是有着属于他的分离焦虑，而"早餐"，则变成一种过渡的仪式。这个仪式一定要在家完成，早餐的内容，则是"妈妈亲手做的"效果更好。

## \* 我明白，你只是想念"心里的妈妈"

小小孩的心中有母亲（主要照顾者），短时间内看不到"实体妈妈"时，还有"心里的妈妈"可以撑一下——但分离太久，心里的妈妈会淡化、消失，对小小孩而言，那是很可怕的感觉。

所谓过渡，是孩子与母亲分离后，在面对自己心里的妈妈也正逐渐消失时，可以因为拥有某事或某物而感觉自己被喂养，或是让某事或某物代表母亲本身的存在。

食物不好吃没关系，毛巾脏兮兮也没关系，这些过渡物有其独特的触感、味道和陪伴意义。孩子们需要通过这条小被被或仪式，来搞定心里很想这样对待母亲的冲动，例如又抱又亲又咬（老三有时真的会想咬我的手臂）。

这个过渡物或仪式，来自孩子自身的选择与认定，而不是由我们强塞给他。所以，十个不同打扮的泰迪熊，也不及一条破破的小棉被呀！

当然，在孩子逐渐成熟之后，这个过渡会淡出或收起来，但影响力还在。真的。如果现在我可以拿回属于我的过渡物，不知该有多好！那条经历三次搬家，用到小学六年级的小花被被……光是想着，就足以让我的心暖起来了。

即使成人的内在世界稳定完整，外在世界丰富有趣，但内、外的调节，偶尔仍然需要这样的过渡物。就像众多的疗愈系小物件能给我们带来说不出的安心与温暖一样。

· · · ·

回来看车上哭着要我做早餐的老二，即使还没想清楚上面"一卡车"的过渡意义，他的眼泪和直白的表述，已足以将我震慑，也提醒我要响应他的焦虑。

我只好把车子停在路边，转头对他伸出一只手，说：

"好，不哭了。妈妈下礼拜努力用这只手做早餐给你们吃，好吗？"我说着，挥挥手。

老大在旁回应："那另外那只手呢？"

老二这才笑了，开始讨论怎么一只手做早餐。

是说，以我的实力……蒸馒头，摆进盘子里，可以算是"妈妈做的"早餐吗？

## \*早餐成了权力对峙的战场

在冲突之中，骨子里不喜欢输的我，经常是很难停下来的那一个。即使在演讲或心理咨询过程中，总是鼓吹父母要试着"离开或停下来"，自己也不断在体会那有多么的困难。

没错，我和情绪敏感的老二又拗上了。

弄清楚"过渡"的意义后，我们在早餐这件事上相安无事了好一阵子。但是这天早上，早餐除了作为过渡物，又被投射了别的意义，叫作"权力"。

前一晚说好了，隔天早餐要吃火腿蛋土司，但早上我发现没有火腿了，改用热狗代替。

老二当然没那么好打发，开始抵制："我不要吃热狗，我要火腿蛋土司。"

我回他："怎么了？为什么？"

他说不出所以然，就是僵在那里，接着又说："那我不要吃早餐了。"

做妈妈的觉得被威胁，生气了："干吗这样？家里没有火腿啦！"

老二开始闹着："我不要热狗，我不要热狗！我不要！不要不要……"

我仍努力克制自己的不悦，只简短丢下一句："不可以不要，去吃早餐。"说完便转身离开。

这孩子也真是执着。我走到房间，他就跟我到房间。我走去叫其他人，他也跟在屁股后面，继续重复："我不要热狗！我要火腿蛋土司，我要火腿蛋土司！"直到我走进厨房，他又追过来，这次除了躺在地上发脾气之外，还改成全面抵制："我不要吃早餐！我不要吃早餐！"感觉就是冲着我来的。

我心想："这又是哪里不对了？"就差那么一点，怒吼快要冲出来了，我整个人胸闷头痛，不知道该怎么办。

● ● ● ●

看看他，看看厨房，再看看窗外。有点无助。

闭上眼睛，呼吸——再呼吸——再呼吸——想给自己浓浊沉闷的状态灌注一点新鲜空气。

睁开眼，望向窗外，看见远方有只小猫正从这面墙跳到那面墙，接着又跳上另一根柱子。"真是轻盈啊！"我羡慕地心想。

就这样看了一会儿，再转头看看还躺在那里发脾气的老二；越过他，看见其他小孩在拿热狗丢来丢去；再转头，还有无头苍蝇般在到处找袜子的先生。"唉……"像是要舒缓胸闷，我长长叹了一口气。心想，除了老二和我僵在这里，其实孩子们和先生一样没变，这个时空，也就是个再一般不过的早晨。

老二的执着我向来是知道的，他还在一次次地练习。至于其他人，个性、气质也都没变。我会如此沉闷，有多少是因为担心孩子的健康？有多少是想要引导他不再执着？

又或者，我只是因为感觉自己被压迫和指责，而想要行使控制的权力？

## ✳ 我离开权力斗争，不是离开你

不争了吧！孩子也在自己的执着里受苦。

我蹲下来，捧着他的脸，要他看着我，一字一字地对他说：

"妈妈知道，没关系，那就难过一下吧！好，你可以不吃早餐，可以在这里躺一下。等会儿你自己慢慢起来。"

说完，我就走开去张罗其他三个小孩了。

不到五分钟，老二走了过来，若无其事地和老大说笑。我拿一盘早餐给他（拿得很紧，本来觉得他可能会打掉），他竟然也接过去了。

我笑着说："来玩猜猜看，我猜你大概五分钟就可以把这盘吃完。"结果玩起来了（我猜错了），之前十分钟的不愉快好像不曾发生。

　　他真的可以不吃早餐，我想。不管他之前是多么在意这件事，这种基本的生理需求，在他还是个孩子的时候，我只能避免让它引起和妈妈的斗争。

　　由我先立免战牌，只是希望自己可以尽量清醒一些。早餐和所有吃、喝、拉、睡等基本生理需要都一样，可以联结心理需求，但不要让它们连上权力纠结。（早餐若是"地下有知"，一定很想单纯一点，当它只是早餐就好……）

　　孩子啊！我当早餐是分离的过渡仪式，努力响应你，是因为爱你。

　　而如果因为它而发生权力的争执时，我选择离开情境，那是因为即使再艰难，妈妈仍想真实地靠近你。

妈妈，歇一歇

孩子澄澈单纯的心，让我变得更真实。

# 我的宝贝要上幼儿园了

"爱我，不爱我……爱我，不爱我……""你爱我吗？不，你不爱我……""我相信你是爱我的，不，把我送来就是不爱我……""你真的爱我吗？不然，怎么还不来接我？"直到下午四点，孩子才叹口气："呼！还好，你是爱我的。"

大人谈恋爱患得患失时，会折腾玫瑰花；假若幼儿园的孩子也照做，他们可能需要来把大黄菊了。

幼儿园这个年龄阶段的小孩，每天要固定和妈妈分离八小时，算是"有生"以来最大的考验了。发育上有没有能力是一回事，是否情愿跟爱的人分开，又是另一回事。

"为什么有能力就要付诸实践？"会表达的小孩可能会这么问。

还好，这个年龄的宝宝不会问，只会哭——各式各样的哭。

## *面对哭，我的"三部曲"方法

我们家有四个小孩，样本虽不够多，但仍有显著差异，同样的父母基因，同样的教养方式，适应过程中仍依着个性而有所不同。

只不过，相同的是一样都会"哭"：闷哭、大哭，涓涓细流、永无止境地哭……有的可以用集勇敢贴纸换礼物搞定，有的死缠烂打、拖住妈妈，用全世界来换也不行。

我的伎俩老实说也不多，软的、硬的，和大家雷同。有时甚至耐性尽失，直接开骂，孩子才愿意让爸爸带离凶恶的母老虎。最惨的是老三，哭了半学期，哭到好一阵子不能留在班上，只能在空旷的厨房和阿姨待在一起。

那些年，我真的没什么特别好的方法，大多由着习性处理小孩的事，然后再一天天无穷尽地追悔自己应该做得更好。

如果习性中还有一点清醒的成分，那就是到了老三和妹妹要上幼儿园时，对于孩子们的眼泪，即使我一样不太会处理，但已锻炼得可以不太焦虑。我的"三部曲"方法如下：

●首先，想方设法让他们去上学，如果不能和我分开，就改让爸爸送。

●接着，尽量和老师相互理解。放学时听老师诉一下苦，笑着向老师鞠躬："谢谢老师，辛苦了。虽然他在学校常常哭，但回家后都很开心地告诉我，你对他很好。昨天还因为他少哭了一点给他糖果。"（心机妈妈想让老师不只看到孩子的哭，也看到他注意到了老师对他的好。）

●然后，再转头对孩子说："喔？今天又哭了？好吧！你看，妈妈说到做到，来接你了！"然后孩子蹦蹦跳跳，和妈妈牵手回家。

## ＊用故事、游戏和绘画营造安定感

三四岁的孩子上学，不用烦恼他们是否求知若渴，那本来就不是他们上学的任务。

这个年纪的孩子离家上学的任务不多，一是将与母亲的关系发展得足够安全、稳定，不会因分离而让自己的内在破裂到修复不了；二是努力发展出对在家庭以外的人际关系的适应能力。

### 一、稳定亲子关系

姑且不论孩子哭了怎么办，每天帮他们洗澡时，我都会细数他们在学校吃了什么（公布栏会张贴）、睡了多久。

1. 妈妈是无所不在的

例如："你中午吃面对不对？我当然知道啊！偷偷告诉你，你不要告诉别人。幼儿园里时不时就有些蝴蝶、苍蝇、蜜蜂，那都是妈妈派去看你的精灵，你别打它们啊！记得是妈妈请它们陪着你上课的。"说得振振有词，只是想让孩子们知道，与其带我的照片，不如注意园内的蝴蝶和苍蝇，妈妈其实无所不在。

2. 准备好台阶下

要是偶尔猜错了呢？就敲敲自己的头，说："喔？雷达不灵了吗？"

## 二、发展其他人际关系

幼儿的潜意识和意识不像大人那么界线分明，通常通过故事、游戏和绘画，更能缓解焦虑。

1. 对潜意识的灌输

晚上睡觉前，我很会瞎掰一些类似《汤姆历险记》的故事，大意都是：有个娃儿到了新的环境（公园、百货公司、图书馆或哪个阿姨家——就是不说幼儿园，说了他就会开始担心上学的事了），害怕又好奇，发现了什么宝藏、交了什么朋友等。

故事里必备两三个伙伴和至少一名大人，加上一个还不错的结局，剩下的，就随口胡诌吧！

2.对意识的培养

无须期待幼儿园的小孩很快就爱上老师（太快反而可怕吧），老师的存在也不是为了取代妈妈（孩子好不容易接受了爸爸当"第三者"，难道现在又要他很快移情别恋？）。

老师在刚开始时表现的耐心，就是在建构安全的空间，引导孩子通过游戏、故事，去接触更多的人和有趣的事物。"老师和同学没有因为我害怕而消失"，这件事本身就有扩大适应圈的意义。

慢慢地，孩子就会在自己的安全感"触底反弹"之后，自然地与老师、同学联结。这个过程没有时间表，妈妈和老师只需手牵手安心地等待。

## ＊每一天，重新成为"够好的妈妈"

其实，回头看孩子刚开始上幼儿园那一两年，最难的部分是"面对自己"。似乎当妈妈的安全感和自信都有点底气不足，心里常觉得是自己不够好才急于把小孩往外送，在爱、愤怒、罪恶感之间来回碰撞……

我想，妈妈除了要努力引导孩子面对分离焦虑，更多时候

还得努力在一天天的分离中幸存，而那份"活过来"的坚强、安心，才是帮助孩子修复、整合的钥匙。

每天，我们都有勇气重新开始。

偶尔，被自己和小孩的情绪淹没，担心撑不住时，我只问自己两个问题：

"这样难过或辛苦拆散彼此的一天，对孩子而言有什么意义？"

"如果今天还是哭了，有没有一点可以利用的剩余价值？"

至少……小别胜新婚吧！

孩子上幼儿园可以让疲倦的我，在每天下午四点，重新成为"够好的妈妈"。这样，也很好。

# 用爱心陪伴孩子上小学

如果幼儿园对小孩而言是一种全新接触的游戏，那么，"上小学"就是这场游戏所设下的第一个重要关卡，孩子们要以自己萌发出来的能力闯关。对于他们的人生来说，像是比较有知觉的里程碑。

小学一年级新生大概知道上学是怎么回事了，不会像上幼儿园时那么担心妈妈来不来接、抛不抛弃的问题。他们要面对的，不只是人际问题，也包含了学习成绩。进小学像进大观园，孩子们在既有的基础上开拓自己的眼界，内心忙着以自己所拥有的能力来适应这个世界，还有，技巧不够熟练时，怎么追、怎么躲，怎么照顾自己的焦虑……

我是怎么带孩子们上小学的？老大、老二没什么风浪，安然地度过，不知不觉也读了两年。如果要整理出一句话来形容刚开学那前一两周，我引导他们上小学的核心，大概就是……"用爱心糊弄他们"吧！

更进一步地说，是"成就感"与"亲密感"，这两项是每个人的基本需求，也是自主、自信和安全感的来源。每个孩子对什么人、事、物在乎或好奇以前，会先去觉察别人对这些人、事、物的重视程度。他们要觉得自己可爱，也是先从感觉到别人对自己的爱开始。

## ✳ 不管什么蠢事，都当成新鲜事

要为孩子建立成就感与亲密感，首先是要正面表述吧！不管什么蠢事都当新鲜事，守护他们对世界的好奇与期待，因为那是发展自主能力的根源。

● "你们知道吗？小学一年级代表什么？表示你们进阶了，比大班还大，身体已经强壮到可以午睡少一点，不用担心补给，可以有更大的力气背重一点的书包，可以专心坐久一点，可以多学一点东西，家事也可以帮忙分担一点……反正，什么都厉害一点了。"

● "来吧！这很重要，小学一年级，就是你可以拥有自己的桌子和抽屉的时候了，表示你会照顾好自己的东西，还可以藏宝贝了！对了，小学一年级学生还可以选一个铅笔盒，就像工程师的工具箱，里面放很重要的工具。它会是你的好伙伴，就算是妈妈，也不会也不可以乱动它们呢！"

· · · ·

通常在幼儿园毕业前的一两个月，老师会开始介绍小学的生活，回家后，孩子们也会继续讨论。此时的他们虽然已经没那么好哄骗，但仍有一只眼睛是戴着照顾者的眼镜在看世界。

当这只眼睛看到的是成就与荣耀，就会勾出孩子们向上的本能与动机。而动机，往往是一个人面对任何困难与挫折时，心理韧性最重要的来源。

## ✳ 感觉到自己是被爱，而且可爱的

再来，则是保持和孩子的联结，也努力帮他们对自己、对他人（老师、祖父母等）进行觉察。只要他们感觉到自己是被爱而且可爱的，就会拥有无可取代的自信与安全感。

### 开学第一天

"嘿！新老师第一天看到你们，喊你们的名字时，特别看了你一眼呢！"

"你有没有看见老师在对你微笑？那表示她跟我一样，打从心里注意到你这个宝贝，只是小朋友太多了，她没办法说有多喜欢你，那样会搞太久。"

**开学第二天**

"老师跟妈妈说啦！你是个好孩子，她喜欢你常常笑眯眯的样子，而且她看得出来，你虽然有点害怕，还是努力做她请你们做的事。"

**开学第三天**

"你可以帮我跟老师说谢谢吗？……还是不要好了，妈妈自己去。我要去谢谢老师，谢谢她这么喜欢我的宝贝！"

**开学第四天**

"啥？你的学号被记在黑板上，而且不是值日生？不知道为什么？好吧！不管为什么，代表老师是真的真的把你放在心上了。就像妈妈不管称赞你或骂你，都是在注意你，也愿意一次次地教你。"

**开学第五天**

"什么，联络簿忘了交给老师？忘了交五十元？她没骂你？脾气这么好的老师！

"喔，难怪老师要你随时戴好名牌，她才刚认识你几天，也会担心你走丢了。她真的很了解你。

"还有啊，同学那么多，老师会忙不过来，你也要帮忙照顾老师啊！"

● ● ● ●

　　读过幼儿园的孩子要进入小学时，通常较具自主性。除了刚开始的陌生感会让他们需要一位平和、亲切的老师，提供初步安抚，大概过几天后就不会再那么依赖老师，整个学校的规则和教学结构也会为其带来安全感。

　　同时，亲密感的样貌也会有些变形，孩子会需要被灌注更多的认可与欣赏。

　　当孩子不再担心妈妈会消失了，做妈妈的最好"后退些"。此时，要引导他们熟悉学校体制，"老师"就是很好的引导者。

　　运用一些话语，让孩子感觉自己可以和老师联结，看见老师眼里对他们的欣赏，再进一步在学校的框架下找到认可，相信这可以令他们拥有长长久久的归属感。

## ✳ 从小学开始，培养孩子对世界的归属感

　　花了好长的时间，终于领悟一件事：孩子需要的爱，方式无比多元，而我所给的未必适合他们的成长，更何况，我的爱

有时还真会枯竭。因此如果可以，我愿尽量让孩子们在每一段情感的流动中，学会珍视自己，并且不害怕持续和别人建立起联结。

尤其是在"学校"这个巨大的体制内，要能彼此配合，才会被喜爱，所以我们多少会要求孩子放弃一些自主性。此时，需要引导孩子通过爱的联结，感觉到自己有能力去影响与他人的关系，在不担心会失去自我的情况下，也愿意接纳体制和老师等的影响，并承担起相应而来的责任，或许，这才是让孩子能够长久适应的重要基石。

# 联络簿的"投诉"，是妈妈的痛点

真的被"理由伯"老大惹毛了。

一早看到联络簿，老师写了一大段的红字"投诉"他在体育课上推同学。问他怎么回事，他先是不想说，直到我答应他不会生气，他才讲："×× 自己叫我推他，那样他会跑得更快啊！"

听到这里，我没有生气。

"好，以后要想想这样做的后果。推或不推是你的决定，你可以不推啊！是你决定要推他的。只要是会伤害自己或可能让别人受伤的事，都绝对不要做，就算是校长叫你做，你也不要做。"校长很无辜，又不是外星人入侵，也不是丧尸。

他大声地回答："知道了！"下个动作，就把耳朵捂住。

看他这样，我有点不开心了，但因为答应他不生气，只好咬牙吞下去，转头对其他三个说：

"你们四个，一定一定要记得，你们是妈妈的宝贝，其他同学也是他们妈妈的宝贝。我最不喜欢看到宝贝受伤，其他妈妈也是。"但语气可一点都不像在跟宝贝说话。

"还有，要做什么、不要做什么，是自己可以决定的。就像你叫我打你，我打不打是我的决定，我可以决定不打你，因为打了就会让你受伤，可是我不喜欢让你受伤。我决定做什么，我就会负责……"我又来了，开始唠叨，然后话一多就没重点了。

另外三个，竟嬉笑着学老大把耳朵捂住。到这里，我的不开心飙速直达生气，然后就……冲出去了。

"统统把手放下来！你们、你们太不尊重人了！我跟你们讲话，为什么捂耳朵？妈妈现在很生气了！"

偏偏我生气时，话就讲不清楚，大吼之后还会重复。

"够了！这是干什么？你们捂耳朵不听妈妈说话，我就会生气，然后就骂人！我本来是在好好讲的，如果你们跟我讲话，我都捂耳朵不听，你们也会生气吧？那叫作不尊重，上次才教过你们，尊重是……（思维跳跃中）算了算了！都不要讲了！"

说了一堆拉里拉杂的话，自己都觉得焦点已模糊，里头掺杂不清的是对孩子犯错的不满、被老师"投诉"的尴尬、道理说不清楚的挫折，还有被孩子们拒绝的伤害……

懊恼到最后，我只能气呼呼地离开，坐到"冷静沙发"上。

## ✳ 说好的不生气呢？

怎么会这样，说好的不生气呢？自己从头到尾噼里啪啦地训话，也许根本没有说好过吧！

一看到红字"投诉"，我已经有点生气了，只是憋住了，还想听听老大的说法。他说了，却把责任推给别人，我的不悦雪上加霜，只是压了一下，想通过说理塞进正确的"价值观"。他捂住耳朵，我心头的怒火就冒出来了，但试图忽略，为了守住承诺而不生气。直到整群孩子都捂起耳朵，我气得头顶冒烟——这下师出有名了，扣你们一顶不尊重的帽子，四个一起飙骂！

唉！跟你们耗这三十分钟，明心见性，够抵我静坐修禅三十载了吧！道行尚浅，由着习性气恼着，败下阵来也是自然。

## ✳ 孩子要先意识到"好的自己"

四个孩子刚开始还在笑闹，看到我一言不发，坐在沙发上瞪着他们，才逐渐安静下来吃早餐、收拾书包。老大头低低地来拿联络簿，看到我只在上面回应："知道了，我会和他谈，同学还好吗？对不起。"他要抱抱，我叹口气，还是抱了他。

"妈妈看到其实有点生气，虽然我心里知道你不是会伤害人的小孩，但就是忍不住又气又担心，很想要你负起责任。"

孩子要先意识到一个"好的自己"，然后才能从这个自己出发而感觉自责吧！

老大抱着我掉眼泪，摇摇头叫我别说了。我帮他擦了眼泪，还是继续说：

"妈妈了解你是善良的小孩，怎么玩、怎么做决定，是你要负责的事。想想后果，然后自己决定要不要做，我们一起练习这件事，好不好？"

暖男老二来抱哥哥，说："放心，不然你问我，我会提醒你的！但是快点，现在上学快来不及了。"

真的，老二对这些事的经验丰富多了。而妈妈照理说也都被训练过了，怎么还是用一样的模式？


## ✱ 我们能做的，终归只是引导

人的改变，从"基底"来说，着实困难。我如果是纯棉，就不会是雪纺纱；要凉快，就加上麻，变成棉麻，把功能升级就好了吧！

这天，我赏识自己能快一些察觉，能安于坐在我的"冷静沙发"上，也能修复自己与孩子的关系，自然就少受了一点被情绪与灾难想象所困住的苦。

至于孩子们，还在养成那个"基底"的过程中。我只需带着他们一起养成实用、舒服的材质就好，至于是凉或暖、是厚还是薄、美不美……就靠他们以后自己调整与装点了。

 **小 孩 剧 场**

## 蜜月？

老大："妈妈，你今天都没生气呢！"也是，一个在车上打翻牛奶，两个在路上吵架，还有一个坚持穿着凉鞋出门……

老三："妈妈本来就很温柔。"这就对了，真乖啊。

老二走过来捏捏我的脸，回头对兄妹们大叫："老师说过，这样叫山寨版！"

# 其实，这跟谁先推谁无关……

观察了老二几天，同时也观察我自己。我自问：会不会我以为的问题症结，很多时候都只是"我以为"，然后忘了他跟我不同，忘了他拥有独立的心智，是另外一个个体？

上天赋予妈妈教养权，我是否能让习性来接管，把他当作我的一部分来制约？既然看见了他的独特，我是否可以就事论事一点，从贬抑到欣赏，从控制到设限？

### ✳又来了，又跟人起冲突了吗？

放学回到家后，老大跟我说学校的事："今天一个三年级的拉我耳朵。"我以为那是他们的游戏而没有接话。

等到看完功课、签完联络簿了，老大又说："三年级的他拉我耳朵，还转——"

老二插话："他还推我。"

我这才觉得奇怪，问："他为什么拉你耳朵？你们在干什么？"

老大回答："他要抢球。那是我们的球。"

我总是下意识地担心老二，转头问他："他推你，你怎么做？"

"我就推回去啊！叫哥哥拿球跑掉。"

老大接话："他把他推倒，我们就拿球赶快跑走了。"

兄弟同心虽然好，自我防卫也没错，但我的心总悬着，担心老二伤人的后果。

我问："后来呢？那个三年级的有没有受伤？有没有追来？"

"不知道，我们跑掉了。"老二回答。

我只轻轻地应声："没事就好。下次遇到他，躲远一点，别跟他玩。"

但这不是老二喜欢的答案，他接着说："妈妈，是他抢我们的球啊！他还拉哥哥的耳朵！"

"我知道，我只是怕你们推他，如果他受伤了，又变成你们的错。"我的脑海飘过诸多往事。

老二有些生气："可是，是他先推我的！"

我沉默，点了点头："好，我知道，你没有错，妈妈只是

担心而已。"


## ✳ 我到底在怕什么?

如果不是老二,而是老大、老三或妹妹这三个"顺民",我会如何看待这件事?也许会觉得:"真是好样儿的,长大了,能自我保护,还互相照顾。"

就算再担心,最多也只是叮咛一句:"推了人跑掉,记得回头看一下,或者去找老师帮忙。"

为什么面对老二,我的眼光会如此不同,总是有许多担心和害怕?

跟这孩子纠缠这么久,"安全感"或"抛弃不抛弃"的问题也绕得差不多了。我们冲突的力道一次一次地渐增,但修复的能力也一次一次地越来越强。即便他是想要独占妈妈,想要全部的爱,那也将是他此生无法避免且必须面对的失落课题。

我能做的,只是稳定而强大地存在着就好。

可是,若问题不在于安全感,我还能为这孩子做点什么?

也许,总是怕他惹事,反而让我无法稳定、强大了。

而我,到底在怕什么?

## *太多担忧，变成了孩子的框架

有一次，朋友看我和四个孩子相处的情形，忍不住说："你有没有发现，老二真的很不同？另外三个身上都可以看见你的影子，只有老二很能跟你对着干。"

当时我笑了，翻了个大白眼，指指先生说："基因啊！天知道这是怎么一回事。"

这会儿，朋友的话又飘进我的心里。会不会，我只是想要把他雕成另一个顺民，一个害怕冲突与权威的我自己？

放下和他冲突与被他抛弃的恐惧，定睛看向这孩子。老二的个性是积极、专注、自我、坚持，情绪表现是敏感、攻击性强，人际上则是有主见、很能拒绝与反抗。这其中，只有"积极""敏感"……（没了，还真的没了）两项特质与我一样。

我落入自己的习性去雕琢老二，想要他变得像我一样，而去抑制孩子出现我所不欣赏的特质的可能。这是来自妈妈的天性，或是祖传的枷锁？

如果由别的妈妈来带这孩子，会如何？我问自己。

也许，会多些欣赏吧！

当然，害怕孩子惹事的那个我还在，但如果不用害怕的眼光，转而回到教养的价值，换个积极些的角度看待，除了希望

孩子健康、善良，我也期盼他不会危害社会，可以成为对社会有贡献的一分子。

那么该怎么做？对于眼前这个积极、有主见且带着反抗特质的孩子，若希望他不危害社会，就要让他有对社会的善意和他对自身行为的责任感。那么，他需要的是"引导"和"设限"，而非只是控制。

若想要这孩子对社会有贡献，也许不能只是雕琢，或总是想框住他，要他当个顺民，还得有个舞台，让他积极的特质被看见。

## ＊欣赏与我不同的天赋特质

晚上，我跟老大、老二说："妈妈想过了，不太知道那个动手抢球的小孩为什么这么做，不过，妈妈以前遇到过一些小孩，是因为想玩又不知道怎么跟别人一起玩才这样。"

两个孩子专心听着，我继续说："要是明天又遇到那个三年级的孩子，不用怕，打你们的球。如果他还是来抢，来，你们两个，谁可以主动跟他说想玩就要好好讲？"

顺民一号说："不要，他又会捏我耳朵。"

有主见的老二呢？

"我才不想要跟他玩！"没变，他还是他。

也可以，都好。

慢慢来吧！当自己逃脱了习性的枷锁，欣赏孩子有主见且懂得拒绝，后续就只需要引导他思考：如何本着自己内在的良善与责任感，去选择行为。相信孩子终究会历练得更成熟，也让我们彼此都可以安心而自由。

## ● 妈妈，歇一歇 ●

忙乱、沮丧、无力……

我知道这样的感受可能会再来，

也许下次当它们来时，

我会试着再跟这些感受聊聊。

现在的我，饶过自己，就这样吧！

# 我的哭泣英雄

　　早上送老三和妹妹到幼儿园后，又折返回去，要把忘了带的睡袋送去给兄妹俩。一到学校门口，就听见同学们在笑闹，喊着老三的名字说："他哭了！他哭了！"

　　我惊了一下，赶过去看孩子们。老三和妹妹在这些口号声中走出来，搞不清楚状况的我连忙问："发生了什么事？"

　　妹妹耸耸肩，一脸不解地看着我和老三。我试着要去抱他，他却挂着眼泪挣脱我的手，一把拿了睡袋就往里面走。

　　望着老三的背影穿过嬉闹的娃儿群，那一秒，当妈的只剩本能了。除了感觉到心在揪疼，也唤起了母性的保护欲，目光搜寻着喊得最大声的同学，直到那位同学和我四目交接。

　　如果我的目光可以电击别人，那一刻，也许那个孩子就是被电得傻住了。他的脸僵着，笑闹逐渐微弱、收掉，然后低下头来。同学们似乎也渐渐嗅到气氛的肃杀，变得悄无声息。

　　我的校园个案接太多了，那些霸凌故事一一飘上心头。

"不知道老三回头会不会跟他们起冲突？"

"这些孩子们会不会继续嘲弄他？"

"真幼稚，真幼稚……这世界就是有幼稚跟残酷的一面，可恶！"

"……唉！我在想什么，这里本来就是幼儿园！"

"唉！他带着眼泪挣脱妈妈的保护，那就是他的选择，下午再看着办吧……"

虽然有点担心老三，但还是先离开了。边走边心疼，心里万分纠结。

## ＊妈妈的心，跟孩子一起滴着泪……

开车上班的路上，脑海里依然盘踞着老三带着眼泪转身的表情。那一幕，令我陷于不知如何教育孩子的无助之中。

以往，我总想带孩子们发展适应环境的能力，特别是在无法控制环境的情况下，我希望孩子们学习抗压，学习自己处理。偏偏四个小孩一吵架，老三常是最先哭泣、告状和讨救兵的那一个。我有时会好好说，有时不耐烦，有时恨铁不成钢地发怒，甚至明白告诉他，必要的时候要懂得反击。

这一切，都是希望他可以强大一些。

如今，他拨开我的手穿过嘲弄的人墙，好像变得强大了。可是，我的心怎么还是那么孤单、无助，还有着深深的愧疚？

孤单、无助，是做妈妈的在孩子挫败时替代性地受伤；罪恶感和愧疚，则是直视自己在封印孩子的软弱情绪时，原来和这堵人墙一样残忍。这就是个自信不足，但温柔善感的孩子，我却要他强大……在他还没有足够的勇气时，这会不会让他只学会切断情感的联结，费力地把眼泪憋回去？

面对自己内在的这个纠结，我提醒自己：也许我这个妈妈在不知不觉间，以强大之名，迫使孩子封锁了自己的脆弱。

"老天保佑，希望他没事。"我的心里轻轻飘过这个愿望。

下午再和他谈谈吧！这次，再掰一个"哭泣英雄"如何以眼泪唤醒坏人良知的故事好了。

## ＊哭就哭，笑就笑，一次处理一种情绪就好

下午接孩子，两人一如往常地笑眯眯，也依然脚不点地蹦蹦跳跳走出来。

回家路上我迟疑着，不知道怎么开口和老三谈，反而是妹妹先问他："早上怎么哭了？他们为什么笑你？"

老三还是笑着，说："因为我哭了啊，他们都这样！"

我问："喔？那后来呢？"

"就不哭啦！后来中午我们还一起玩车子。"他一派轻松地说。

"哇！他们笑你，你不会生气吗？妈妈那时候还有点生气呢。"好吧，是我自己过不去。

妹妹加码，以牙还牙："要是我就会生气。生气可以吓他们，让他们哭啊！他们就不敢笑别人了。"

没错，没错，我都没妹妹讲得清楚。生气是可以有这样的功能，早上妈妈的眼神，也有这样的效果。

"已经在哭了，还要生气，很麻烦啊！哭就好了，不要管他们啦！"老三继续捍卫自己的主张。

也对啊！这更符合他的状态，我听了也豁然开朗。对这个单纯的孩子来说，如果想哭，他比谁都能容许自己流泪，可以放心地哭。此时无论是妈妈的安慰，或嘲弄的人墙，都只是其他麻烦的刺激，排除了就好。

一次处理一种情绪比较容易，若是真的全搅在一起，好像也不会有任何帮助。

## ＊真正强大的情绪英雄

　　我松了一口气，甚至为老三感到点惊喜。看来，我并不如自己所想的理解这孩子。

　　瞎掰的"哭泣英雄"故事显然派不上用场了，反而是老三破解了我对"强大"的迷思。也许这样的他，才真正有着能与情绪相处的坚强，而我，只要真实回应对他的欣赏就好。

　　"妈妈今天又看到不一样的你了，觉得你有一种特别的能力，就是难过时可以哭，甚至还可以选择不在乎别人，专心难过，那才是真的强大啊！"

　　面对娃儿们继续吵架，继续告状，继续出现各种幼稚举动……我就一次次地教吧！追本溯源，如果能够打开对情绪的封印，何须怕孩子们长不出同理心。

# 孩子，你是如何看待自己的呢？

老三和妹妹过生日，刚好中秋将至，干脆省了蛋糕，就着月饼让他们吹蜡烛许愿。

老三不假思索地说出愿望："希望二哥喜欢我。"真可爱的愿望！

"好！"更可爱的是听到这愿望的暖男老二，也立马给他一个大抱抱。

"妹妹呢？"我问。

她小声地说："希望手不会再湿答答。"

我没听清楚："什么？"

老大帮忙重述："她希望手不会再流汗啦！"

"希望手不会流汗……"妹妹又重复说了一次。

在小月饼、小烛光的气氛中，我轻轻"喔"了一声，突然涌起《孤女的愿望》的心酸。

吃完月饼，我问她："妹妹，有人说你的手流汗怎么样吗？”

"陈 ×× 和林 ×× 啊！他们说很恶心，然后同学都没人要跟我牵手了……"

"喔，这样啊……"

## ＊ 小女孩的烦恼

妹妹的手、脚极易出汗，除了常在画图、写字时泛滥成灾，更是"凡走过必留下痕迹"，同学曾笑她像一只蜗牛，她得随时备着小手帕，才能完成一些学习任务，但……无法阻挡的是其他人的嫌恶。

这个年纪的孩子，常常很能直接表达自己的感受和想法。在发展上，他们没有太多认知思考和语言修饰的能力，说"恶心"是确切表达自己不舒服的感觉，只是直白之外，还会加上鬼脸。

至于听到这话的反应，就会有许多个体差异了，是否有其他内心戏，要看孩子累积了何种看待自己的眼光。除了这些评语之外，还常常有过度地自我贬抑或过度地自我夸大，而这才是让一个人受苦且难以消化的来源，因为他面对的是自己给自己的评语——看不见、摸不着，却又无时无刻不存在。

## ✱ 我愿尽力守护你的真实与自信

妹妹是个真诚、平实的孩子，大抵上也有强大的自信。对她来说，那就是一次因为手太湿而被朋友拒绝的经验，所以带着属于孩子独有的游戏式想象，许了个生日愿望，像期待圣诞老公公的礼物般，也幻想世界上有个"神仙教母"，可以挥挥魔法棒，帮她解决这个难题。

我这个妈妈一时间不知该如何响应，心里反复飘过："快！说点什么！"但在想清楚之前，还是什么都没说，只是抱了抱她。

我说不出话来，是因为愧疚吧？

想起自己似乎也不自觉地避开和她牵手，偶尔也会说她鞋子臭、脚臭……一向自信的妹妹，总是笑笑，从来没有抱怨过。

而这一刻，我因被愧疚感困住而语塞，我能否守护这孩子的真诚、平实，陪她面对？

心里仍在着急地鼓噪："说点什么啊！快！说话啊！"

我问自己，可不可以再强大一些，引导女儿守护那个真实而有自信的自己，带她去面对这个有时就是这么直白、带点残忍的世界？

也许，此刻正适合由我心里那个爱她的优点，也爱她的缺点，想给她全世界的全能妈妈说几句话。把愧疚感放旁边，当一下神仙教母，这个愿望，就由妈妈来买单吧！

## ＊ "自信大神"回来了

我牵起妹妹的手，摸了摸她的手心。

"妹妹，你摸我的手，再摸你的手。哪个比较滑，哪个比较粗？"我伸出自己那总是被朋友嘲笑的"鸡爪"。

妹妹回答："我的比较滑，你的粗。"很好，辨识度极佳。

我又问："那你喜欢妈妈吗？就算妈妈手很粗。"

"喜欢。"她说。

"那就是了。其实每个人都会流汗，像大哥的头流得比较多，你是手、脚流得比较多。妈妈也会说他头臭，但我还是一样爱他，说你脚臭也还是爱你。"

妹妹微笑点头："我知道啊！"

"你许这个愿望，我猜你是希望他们还是可以跟你牵手做朋友吧？"我问。

"我们还是好朋友，只是不牵手而已。哎哟！其实那个林××说，她已经习惯跟我牵手湿湿的了。"妹妹说。

是不是？秀外慧中的"自信大神"回来了！

"这样吧，妈妈只是要告诉你，你的愿望可能会实现在不同的地方，因为手、脚是上天送给我们的礼物，通常给了，我们就无法退换。我猜你应该还是会流汗，手帕也要继续带，妈妈或同学……可能也还是会喊臭。但是呢，妈妈会跟你牵手，就算湿答答的也不会放手！"这时一定要十指紧扣。

妹妹笑出声，说："哈哈，不用啦！为什么要这样牵？很奇怪呀……"

我说："我的手那么粗，你的摸起来那么滑，一定是流这些汗的关系，我也要，分一点给我。多牵你的手，我的手也会又滑又漂亮！"

**小 孩 剧 场**

## 放屁

早餐，讨论放屁……

妹妹："蝙蝠侠也会放屁吗？"

老大："会啊！妈妈也会放屁，祖父也会放屁。"

（病榻上的祖父？名副其实躺着也"中枪"……）

老二："你知道为什么会放屁吗？"

七嘴八舌的，我没听清，类似肚子里有大便之类的，直到一向幼稚的老三说话了……

"屁股太无聊了，就叹一口气？"

# 这样交朋友好吗?

有时候，在努力认清事情的本质之前，我得缓一缓，先争取一点时间认清自己。

一早，妹妹在收拾书包时，高兴地拿出一张集点卡给我看，"我今天如果和杨××玩，她就会再给我盖章。快集满了，可以换礼物了!"

我愣了一下，直觉地皱了皱眉，脑袋飞快闪过"一起玩→集点→换礼物"的流程。这在一般的行为学习或班级经营里很常见，目的是通过酬赏，增强某种行为。但在交朋友这件事上，这样处理，是好的吗?

我心里有点纳闷，也有点不安，妈妈焦虑的小宇宙开始运转。担心这样下去，孩子会学到错误的价值观，误以为友情可以用这样的方式交换。或者，因为这错误的价值观，误以为日后只要想满足物质的欲望，都可以用真实的情感价值来交换。

还没想清楚，但还是先说点什么吧。

"你们可以换什么礼物？"我问。

"就是铅笔或橡皮擦啊！而且如果集满五张都不换，杨××说可以换更大的礼物，可能是玩具！"妹妹说。

哇！连延宕满足的概念都包含在内了，这么完整的操作……不是才幼儿园而已吗？！

我的小宇宙继续飞速转动，眉头皱得更紧了，忍不住说："妹妹，妈妈说过，除非是同学的爸妈拿给你，不然不能收同学的礼物吧？"

妹妹原来是很开心地分享，却被我投以不友善的目光，加上制止的语气，她有点委屈，嘴里嘟囔着："又没关系。早知道就不跟妈妈讲了。"

身旁的老三也出来打圆场："没关系，没关系！放轻松，放轻松！"

我笑了出来，这又是从哪里学来的？

这一笑，也让我心里的那个"是非"僵持松快了不少。

送孩子们上学的路上，没再继续讨论。我只对妹妹说："好吧，我知道集点是你们的游戏，游戏没什么不对，你们喜欢玩，就玩吧！妈妈只是觉得哪里怪怪的，可是脑袋打结了，想不清楚。如果我想清楚了，会告诉你。"

## ＊我陷在自己的担心里了

我是怎么了？脑袋里鬼打墙地转着，总觉得这样好像不太对，但又不想太过干预。

上班时，我告诉其他心理咨询师，她们问我："你在担心什么？"

我笑了："大概是……当妈妈的太容易绕在自己的幻想中了。我知道我的女儿不是那种需要用礼物换取友谊的人，我了解她的良善、正直，也知道那只是个游戏，但总会担心如果对这件事不表明一下立场，这事也会成为一种价值观的输入。"

一位心理师笑着说："有那么严重吗？这比较像孩子们的角色扮演游戏吧！像是爸爸、妈妈对小孩，或是老师对学生的集点活动。跟医生游戏或其他的角色扮演也没什么不同。"

我愣了一下……呃，也是啊！

想想，早上，我好像还没细问他们那些礼物是从哪里来的，还有送礼物的角色是不是轮流扮演。这些问题都不清楚，我就先入为主地觉得这是一种利益交换。

脑袋顿时像灯泡被点亮一般，整个清楚许多。

"安下心来吧！我是否如自己以为的那么理解孩子？或者，其实我理解的只是自己'想象中'的孩子？"我对自己说。

## ✳ "停、看、听"，认清事情的本质

看来，想要认清问题的本质，终究无法速成。我想，如果要整理出一个提醒自己的过程，还是避不开这三个步骤吧：

**第一步："停"**

停下来，按住转到让自己头晕的小宇宙，不再把自己的想象套在孩子身上。也许缓一缓，晾一晾，或者面对面地聊一聊，争取一点空间，有助于我和自己的小宇宙分离。

**第二步："听"**

听懂孩子的故事，听完他想说的话，听出他是如何看待这件事的。

**第三步："看"**

看清楚问题的本质，看进孩子的内在（无论是情绪或需求）。这样，也许更能让一次次的事件变得更有价值。

● ● ● ● ●

唉！脑中闪过许多与孩子讨论事情的画面。必须诚实地说，在跟孩子的许多互动中，也许我自己太想说，反而听不清楚了。

如果听不清楚，哪里来的"认清"呢？

## ＊停一下，才能真正地"看见"

下午去接孩子们，心已经开朗平静了，我笑着迎接蹦蹦跳跳的他们，牵着他们的手散步。

"今天玩集点游戏了吗？"我问。

"玩了啊！我跟她玩两次，拿到两点。"妹妹回答。

"哇，那你快集满了！有多少人在玩？"

"四个人，哥哥也加入了。"

我又问她："游戏规则是什么？我也想参加，可以吗？"

她说："不行！大人不行，你又没办法跟我们玩。"

"我不能参加吗？太可惜了！那谁负责给点数跟奖品？"

"就杨××啊！讲好了是她。"

我不放弃："一直是她吗？哥哥不可以吗？"

结果她竟说："哥哥刚加入，至少要先集满才能轮到他！而且妈妈，奖品也是假装的，只是游戏啊！"

突然有点不好意思，原来我早上的担心被孩子识破了。

我笑着说："好好好，我知道，妈妈想清楚了。这是你们的游戏，所以我才问可不可以加入嘛！你还是要继续告诉我啊，我每天下班回家都很喜欢听你们说学校发生的事。"

● ● ● ●

有时候，我们会不知不觉地跳回原来的习性中去，只是因为不安，而让我们不安的，通常是来自内在惯性运转的"想象"，未必是真实。

但愿自己始终不忘这个过程，在心里稍有不安的时候，稍微停一下。

因为，亲子间唯有不再隔着想象的镜头，彼此才更能在"真实"的关系里，发挥意义与价值。

# 盯你学习，却盯掉了你的快乐

手机屏幕显示着老大、老二他们老师的未接来电。

自从两人上小学以来，虽然我已在心里演练过各种接到老师电话的内心戏——包括孩子伤人、受伤，或是撞断旗杆之类奇怪事件的 SOP（标准操作程序），但眼前的未接来电显示老师的名字，孩子却活蹦乱跳地在我身边，平安无事，问他们又问不出所以然……这时，我又变回了软弱的自己，那是种胆小怕事的状态，或许，再加上"投诉恐惧"的症状吧！

这会儿准备回电话了，还是需要深呼吸，才能安定自己的心慌。

● ● ● ●

"老师，不好意思，刚才没接到电话，有什么事吗？"我说。

老师说："是关于哥哥的状况，想跟你讨论一下。最近他上课时有点心不在焉，有时候还会趴下去。他之前就算注意力跑掉，也都笑笑的，但是最近都闷闷的样子。不知道是不是家里有什么事？"

我松口气，心想：这样啊，还好还好。

在脑中搜寻了一下最近的记忆，我说："呃，想不太起来了。'最近'是指多久？"

老师继续说："大概就是这一两个礼拜。还是……他在家里睡得如何？会和弟弟、妹妹玩吗？我只是觉得，他不像以前那么快乐的样子。"

我边讲电话，边看着正在和老二追逐大叫的老大，一会儿还跑过来问我："谁打来的？谁打来的？"

我苦笑着说："老师，现在在旁边鬼吼鬼叫的就是他。我可能太迟钝了，看不出来他有任何异常。不过他一向是睡得很好的小孩，如果他连上课都趴下去了，的确很奇怪。"

● ● ● ●

这一刻，其实我心里好感动。

感谢老天，让我们遇到一位认真看待孩子的老师，愿意费心观察老大，发现他学习劲头下降，放空时间增加了。

我们两人一起回想着近两三周来和老大的相处经验，讨论了一会儿，结论是：上、下课时比较少看到他的笑容，而且遇

到要写功课或是小考时，他就会发呆。

但是，为什么呢？

## ✳ 拼命上紧螺丝，也许适得其反？

老大知道我在跟老师讲电话，倒是轻松自然，一点都没想要听我讲什么，继续玩得乐呵呵。反而是妹妹拿着她写的字，跑来直叫我看，我一阵心烦把她赶出房间。

——就是这阵心烦！

我突然像被电到一般，想起这两周常陷入这样阵阵的心烦，为的就是老大写字歪七扭八，写功课时一定要盯着他、嘱咐他。如果我不在家，就换他爸爸来，要他重写或是在作业本上打个大叉叉。

• • • •

"哎呀！我大概知道为什么了……"

拿着电话，我跟老师说近两周来，我和爸爸常盯他、骂他的事。

本以为散漫的老大需要我们帮他把螺丝拧紧，看来是拧过头了。

老师说："啊，对！我也是这样。也许是我的要求太高了，但就是希望他把字写好，所以不轻易放过他，常常要他一再重写……这样我大概知道了，可能是我们都太用力，他疲乏了。他是需要肯定的小孩，只要称赞他，就会做得更好。唉！也许是我抓得太紧了。"

我赶紧回应："别这么说。我很感激老师这么细心，否则我不会发现孩子的表现和之前不同。他们运气很好，有您这样看着，还愿意来跟我讨论……"

## ＊一起看见你努力的成果

看来，这孩子学习劲头下降的原因只有三个字："盯""盯""盯"。

不止老师盯、爸爸盯，就连一向比较包容的妈妈也在盯。不知不觉地，盯出了孩子"满头包"，也盯掉了孩子对学习的向往。

我和老师约定好，孩子的"劲头"最重要。我们决定把标准降低一些，本来是挑错、挑丑，现在改成圈出漂亮的字，让孩子看见自己努力的成果。

对这个一向快乐学习的孩子来说，"鼓励"仍是王道。

**\*学习劲头，就是你眼中这道光！**

晚上，我问老大："老师打电话来，你知道她说什么吗？"

他腼腆傻笑，一边摇头，一边想捂住我的嘴巴叫我别说。

我拿开他的手，"好啦，让我说一下嘛！老师说啊，她越来越看见你的努力了。老师知道你被她罚重写有点辛苦，但你越写越端正了，她就赶快告诉妈妈，还叫我少骂你一点呢！"

听到这些话，老大的眼神中闪现出熟悉的亮光，点头笑了。

妈妈在心里大喊："对！就是这个光，就是这个光啊！"

# 妈妈心里永远的痛——写功课

陪孩子写功课，应该是许多家长心里的痛吧！

从孩子们开始上幼儿园，有"功课"这件事开始，我就不是个会陪在他们身边写作业的妈妈，通常只求他们能如期完成。在不期望质量的情况下，一直以来倒也相安无事。但是，就在准备上小学的老大和老二开始上正音班之后，情况有了改变。

正音班的功课反映了两人学习特性的差异：老二会迅速完成注音功课；老大却连续数天，五排的注音要写两个小时！

我这才真正体会到，管孩子的功课会让人白掉多少头发，死去多少脑细胞。唯一有帮助的大概只有心脏越来越强，或血管越来越粗。还有，因为不断提醒自己要深呼吸，所以肺活量大概也提升不少。

## * 一写字就成了"扭扭虫"

几天来，原来的催促或鼓励都不见效，老大像是屁股或背上有虫，扭来扭去的不安分。才刚坐下拿起笔，写了一两笔——真的，一个注音符号都没完成，他就放下笔了。一会儿跑去看弟弟们在做什么，一会儿跑来找妈妈抱，再不然就直接跑去翻别的书或玩玩具……

我叫他回去坐，他不情不愿地回到座位拿起笔，已经忘了刚才写到哪里。终于找到了没完成的笔画，再添个一两笔，又跑来说要上厕所。上完厕所，不是回位子，而是再去抢妹妹看的书，被我叫住，又要找妈妈抱，再继续刚才一连串的循环……

刚开始的前半小时，我都还能试着鼓励、教导，之后因为还有长长的吃饭、洗澡等待办事项清单，逐渐失去耐心，变成了催促。一催促，反而又引发老大的情绪涌上来，哭着只要妈妈抱（孩子在情绪中了，别想跟"撒泼娃儿"就事论事，别想跟"撒泼娃儿"就事论事……这句话该罚我自己讲十遍，看能不能牢牢记住）。

就这样，边怒斥，边呼叫，还要约束弟弟妹妹不去干扰，两个小时就过去了。

几天下来，接他们放学时，我胸闷、头痛，诸多身心症状都跑了出来。偏偏现在还只是"开胃小菜"，小学的"大菜"都还没上桌呢！我纳闷，怎么又踢到了一块厚实的铁板？

好吧！我这才死心地接受，是我自己没跟上孩子成长的步伐。原先的方式已不管用了，我又何苦紧紧地抓住不放？

## *写功课的人不苦，痛苦的是妈妈

好吧，"铁板"不转，我转。

转换成做实验、找答案的心情，耐着性子观察了老大两个小时，才有了大概的想法和轮廓。

我发现，他似乎很不习惯"注音"这东西。

从他眼里望去，每个注音符号都像一笔笔拆开的笔画。他横着画了一笔之后，就忘了接下来怎么写，要回头找最上面的对照图，看下一笔怎么画。若是三个注音符号拼成的字，那可就七零八落地拆得更彻底了，在每画一笔就要回头看看第一个符号的情况下，眼睛转到别的地方的机会，就比别人多出 N 倍。

孩子那本来就想逃的心啊！这么多缝隙，不钻、不逃，怎么对得起自己？绕了一圈，天知道心会跑去哪里？

这就是老大，总爱一些新奇、好玩的事物，而这个优点的

另一面，就是容易散漫分心，有着"哪边凉快往哪边去"的趋乐避苦性格。

如果没有妈妈在一旁骂着、唠叨着，也许对他来说，功课写两个小时一点都不痛苦，甚至可以写到天荒地老。

但这种情况，身为妈妈，怎么可能不控制、不催促、不唠叨。可怜天下父母心啊！

好吧！其实他不苦，痛苦的是妈妈。不过换个角度看，根据"妈妈痛苦，全家都会痛苦"的假说，妈妈的苦要不要尽快处理？

要，当然要。只是……怎么处理？


## ﹡念口诀，帮助加深印象

有一天吃完晚餐后，我把老大带进房间，问他："注音是不是有点难？"

他嘟起嘴巴不回应我，又开始吵着要我抱："妈妈，你抱就好，不要讲话啦！"

我说："不行，妈妈一定要讲话，你也要讲话。不然我们怎么解决功课这件事？"

"妈妈，那你抱一下，长针走到三再开始讲话。"

算一下，只要四分钟，成交。

抱够了，老大跟我面对面，还规定我要盘腿坐好（学校老师教得好，这样要离开座位是比较困难一点），眼睛要对着眼睛。

老大一脸从容就义的样子，眯着眼看我，说："好了，妈妈可以说了。"

我问他："注音是不是不太会写？"

他又嘟嘴，点点头："写一个，然后我就会忘记怎么写。"

很清楚嘛！孺子可教也。

"好，没关系，刚开始都是这样的。如果不管写得对不对，只要专心写完就好，你可以做到吗？"

他一样嘟着嘴，点头。

看样子我的话还没进入他的脑袋，这样不行。这个年纪的孩子需要一点口诀。我说：

"跟妈妈讲一遍，坐在椅子上，专心写功课，写完功课，才能离开。"

前后带着念了三遍后，我又说："从明天开始，不用管写对还是错，写错或写丑也都没关系，妈妈不会骂你，也不会擦掉。可是一定要写完才能站起来，你做得到吗？"

老大这次比较肯定的样子，说："做得到，但是……如果要尿尿呢？"

妈妈差点跌倒："好，尿尿可以去厕所！"


## ✳第一战，成功！

也算是雷厉风行吧！隔天接了孩子们放学回家时，才走到楼梯口，我就先预告兼提醒老大"写功课"的事。

到家后，他也认真地拿着作业本坐到位子上，我要他念一遍口诀，念完才开始写。

我还不时探探他的情况，只要他站起来，就要他坐回去，再背一遍口诀。这样过了两次以后（包括去上一次厕所），他也开始自我提醒："喔，不行，写完才能站起来……"

最后，花了一个小时总算写完了（当然还是马马虎虎的，一堆错字或落字），检查后补上音节，把本子放进了书包里。

接着，他开始绕着家里的榻榻米一圈圈地走。

老二问他要不要玩机器人组合，他仍不停地边继续走着，边说："不要，现在我只想要走来走去……"

"呵呵！"我笑出声来，这个可爱的小孩，坐了整整一个小时，真是难为他了。

## ＊带着好奇去"闯关"

在老大的联络簿上，我告诉老师关于他写功课的进步后，老师也在学校赞赏他的努力。

隔天回家时，老大说："看看今天写多久，都要写联络簿告诉老师。"

我求之不得，回应："当然好啊！"

这次，他一样在座位上背了一遍口诀，虽然写着写着还是会抬头张望一下，但只要不离开位子，五行注音不到半小时就能完成，还加上自我检查，且能做到正确而无错误、无疏漏。

妈妈除了写联络簿，都想要开心撒花了！

之后三天，老大都维持稳定的表现，天天都在半小时内完成。我想，这孩子应该渡过"写功课不逃跑"这关了。

关关难过关关过，在"铁板"前面，我学会不再只是踢它而弄痛自己和孩子，也尝试带着好奇的眼光去观察与面对。

也许顺利，也许不顺利，甚至可能会有更难处理的情境，我只希望自己记得今日的心情，带着好奇、接纳与不放弃的心态去面对。

**小 孩 剧 场**

## 拖延本能

老大："我不想写评量题。""唉！可以只写这一大题吗？""哎哟！我想换写数学。""人，为什么要写评量题？""我可以先玩空竹吗？"……

妈妈："你嗷嗷叫应该口渴了，喝口水，写。"

二十分钟后——

老大："妈妈，我发现不叽里呱啦叫叫叫，就噼里啪啦一下子把评量题写完了！"

这个二十分钟后的顿悟，你十分钟后就会忘记了吧……

# 抢救 "专心" 这些年

"你可以专心点吗？坐不到半小时，起来捡笔两次、上厕所一次、找橡皮擦一次、说要帮弟弟找考卷一次，还莫名其妙跑去开冰箱一次！"我对正在写功课的老大说。

妹妹在一旁补充："还有喝水两次。"

老大说："我知道啦！就是忍不住嘛。"

我说："好，妈妈陪着你，在半小时内或写完以前，不可以再离开。"

我用眼神框住了老大，他想站起来，看了我一眼又坐回去。他倒也还能低头继续写。

我心里有些无奈，但更多的是安心。还好，他还是可以继续写的，而且盯着作业的表情认真又专注，并不是真的非离开不可。

孩子写功课，到底陪还是不陪？也许该换个问法：怎么陪，才能有陪的意义？

● ● ● ●

对老大这样的孩子来说，与其说是在陪他完成功课，不如说是努力带着他，一次次地练习专注安坐。为了抢救他的"专心度"，我和老师试了一些方法。这些方法其实很普通，大概可以分为以下三类，包括"传统版""现代版"和"任意妄为的创意版"。

### 一、传统版方法

传统手法可省"近虑"，但处理"远忧"仍然堪虑。我们试过的方式包括以下几种：

1. 提醒和预告：传说中的"盯紧一点"。副作用是有时会变成唠叨。

2. 处罚或承担后果：有些孩子对人生有特定想达到的目标，反而容易专心，也不太需要处罚。不过，有些孩子则是像我家老大，什么都不太在意，这招用在他身上的副作用就是他经常"不慌不忙"，气死妈妈自己。

3. 背口诀：通过口诀制约孩子的行为。长期下来的副作用是只有背的时候记得，不背就故态复萌，得回到"1.提醒和预告"，最后变得好像是在盯他背口诀。

以上是习惯养成的过程，通常也是父母本能擅长的做法，不需要太多思考就能运作自如。

　　只是，操作时需稳定、适度，否则像我这样因为工作或忙着管其他小孩而松手，想再重新拾起时就得更用力，副作用也会出现，然后持续循环到天荒地老……

　　**二、现代版方法**

　　1.跑操场或跳绳等：只要消耗孩子部分的体力，让他可以安分坐下就好。浑身是虫的时候，就起来跳绳，至少还能长高。

　　2.扫地或读书比赛、叠叠乐、传接球等：有些是家务事，有些是游戏。把专心训练带进家务和游戏中，让他去注意自己的眼睛是否能看见想看的目标，并使唤双手去完成。

　　3.查字典游戏或造句游戏等，反过来把游戏带进学习中：这是适合老大的做法，例如他喜欢棒球，只要把数学题目里的"苹果"改成"棒球"，他就茅塞顿开。更多时候也是单纯对他想跑走的心情抱着同理心，用游戏把他带回来。

　　这个版本是我在临床上接触一些个案后整理出来的。我回过头去理解注意力不足的老大，问自己：可否不要总是盯着"不足"的方面看？有时，他只是在学习方面的注意力不足，若要他运动或追昆虫，注意力就可以维持很久，只不过是注意力集中的地方不同罢了。

　　也就是说，孩子的注意力本来就是有选择的，会去选择更有趣的事物。

如果这就是他原本的个性，如何维持并确保其注意力在学习和其他有趣的事物上达到平衡，而非互相阻碍，才是孩子要不断练习的课题。

换句话说，学习只是一部分，要练的是"平衡生活"的能力。

### 三、任意妄为的创意版方法

1.录像：某天，我偷拍老大在写功课的样子，然后以八倍速快放给他看。他看见自己一直东摸西摸，站起来，坐下，站起来，又坐下，才写了两页；立志接下来不乱动、乱跑，只看眼前的作业后，又写了两页。最后，前者错了五题，后者拿到满分。那一刻，他觉得只要专心，好像真的可以展现能力。

2.催眠：有时抱着他，我会细数他的好，不时告诉他，他的专心度进步到哪里了。催眠他，其实也是在催眠我自己——不要忘记他的好，也不要忘记那是他一辈子的功课，我可以尽力影响，但真正改变仍要靠他自己。

3.拿零用钱去买橡皮擦：这大概是最无厘头的方法了。看了太多次老师在联络簿上"投诉"，老大写功课时老是在找橡皮擦，我直接要他拿出自己的零用钱，去买五个橡皮擦放到书包里。这也许没什么能让他负责任的效果，但我只知道在橡皮擦这件事情上，我们胶着太久了（结果，他慢慢地找到了之前遗失的四个，于是书包里有八个橡皮擦，堪称是橡皮擦的极盛时期）。

4. 妈妈当家教：有一天，老大问我可否陪他写作业。我虽对他写得乱糟糟的笔画不耐烦，但我问自己，如果他是别人的小孩，我只是他的家教老师，会怎么教他，怎么带他？转念后，语气马上温和许多，充满鼓励和赞赏。而这一天，他也表现得特别好。

这个版本有点无厘头，想到哪里，做到哪里。有些只有昙花一现的短效，有些则有画龙点睛的长效，我没办法归类。至于怎么想出来的，大概就是保持一点"开心""正向"的心情看待孩子，就会蹦出一些想法。

受益最大的是亲子关系，因为这么做，至少妈妈的心情会好。

## ＊照顾孩子的心意不会改变

在专业工作中，我无法在没看过孩子的情况下，就评估他是否需要就医。而回到为人母的角色，老大有注意力不集中的问题，我们一方面持续观察，一方面也担心他的不专心是否和生理因素有关。我问每天看着老大的自己：到底是他真的有生理上的困难，还是我没有时间好好观察，没有信心去辨识、去

处理他的问题？

再仔细想想：如果这是我费时费力陪他处理就能有进展的课题，何苦抓着生理因素不放？又或者，即便二者有些关联，难道我就会改变对他的照顾吗？

毕竟身体的部分，我们大致上还是能看得清楚，例如：他是否鼻子过敏、睡不好，他是否有其他生理动作张力过大，或者行为强迫性的问题。

## ✽ 只想被妈妈独一无二地爱着

每个孩子的专心课题不同，老大曾说："妈妈，你陪我，我就比较专心了。"

我愣了一下，好像真是如此。

孩子会在主要照顾者的眼中寻找自己的价值，看见自己的能力。也许对于老大来说，是潜意识里想在妈妈的眼光中感受被专注地对待。

我对老大说："这样有帮助吗？早说嘛！所以你是可以专心的。好，我会看着你，你慢慢练习把我看你的眼光，放在你的心里。"

老二听到，来抢目光了："妈妈，我也要！你也要看我写。"

老三则是来抢作业："妈妈，你要给我买练习本，我也要写。"

唉！关于独一无二啊，妈妈尽力就是了。

至于妹妹，她不在意这些，反倒在旁边搭腔："还有啊，练习的时候不要一直去喝水，喝水就会把你记得的统统冲掉！"

## ● 妈妈，歇一歇

"为母则强"，不是不脆弱，只是母亲的角色让我们变得勇于面对与处理脆弱吧！妈妈的暴走或迷路，都只是在展现妈妈本来也是有血有肉的正常人而已。

美国儿童治疗师劳伦斯·科恩在《游戏力》一书中，曾以倒满杯子的比喻说明"依附理论"，孩子会需要照顾者用爱、食物和舒适等填满孩子的杯子，照顾者自然也是如此。

我观察自己的爱（耐性）像是定量有限的一杯水，给完了就干枯耗竭，孩子再闹、再要，就会让我恼怒摔破杯子，等回头捡一地玻璃碎片时，止不住地懊悔。

好运的话，身边有伴侣帮你加水。其实这可遇也可求，只是要懂得真实示弱地表达，否则我们惯性的迂回会让这个资源变得遥远，甚至内耗让自己变得更加暴躁。

不然，要练习给自己加水，也许听听演讲、看看书、找个人聊聊，简单点就整理照片，往往美好的回忆就是灌注能量的来源。

　　水快用完了还来不及灌注，那就限水。限水的方式很多，但卡住妈妈们的点往往在于"觉得自己有权这么做"。

　　真的不知不觉摔了杯子，眼睁睁看着自己失控时，如何停住，不拿或少拿碎片继续丢掷，那是硬功夫了。因为每个碎片代表的都是自己内在过去的一则故事，碎片躺在地上已是悲伤，需要照顾、捡拾、擦拭、重新拼起，而非漠视、丢掷或抓得太紧再被割伤一次。

　　我会努力停下来，然后自己离开（有时这真的很费力）。心里够嘈杂了，外在世界就让它尽量安静吧！当然，要停住循环得靠强大的意志力，这个步骤，对于我始终最难。

接着注意自己的呼吸，因为那是最简单的方法。注意呼吸不会让杂念声音消失，只是会让这些声音变得清楚有次序，而不是嗡嗡嗡乱成一团。声音清楚了，就算捡起了一片片碎玻璃，至少看得见轮廓，再慢慢拼凑。

　　接着，冷静一点了，才会问"自己"（不是问妈妈这个角色）："不这样想，还能如何想？不这么做，还可以怎么做？"差不多到这里已经拼回玻璃杯了，再去和孩子修复，以"大抱抱"的仪式让彼此再往杯子里加水。每次我都发现，孩子的情绪虽强，但好得总是比我还快。

　　杯子粘不好，就是我们需要找人谈的时候，也许那正好是个机会，透过捡拾、擦拭每一片碎片，来诉说自己的故事，照顾与圆满自己的人生。那么，即使再不情愿，还是能感谢这个恼人的经验，感谢老天送我这个磨娘的孩子，让我变得更勇敢、更完整。

　　至于拼凑玻璃的黏合剂是什么？

　　是对自己的慈心，是爱啊！